思想觀念的帶動者

文化現象的觀察者

本土經驗的整理者

生命故事的關懷者

心靈工坊 PsyGarden

Caring

生命長河，如夢如風
猶如一段逆向的歷程
一個掙扎的故事，
一種反差的存在留下探索的紀錄與軌跡

重新學會愛：在傷痛中自我修復，創造幸福

Parler d'amour au bord du gouffre

作者——鮑赫斯．西呂尼克 Boris Cyrulnik
譯者——吳馨竹

目錄

第三章 當相遇即是重逢 67

第四章

愛的玄學 157

※本書譯自法文原本，專有名詞原則上附註法文原文，唯，部分心理學及相關領域學術名詞以通用英文譯詞附註，以方便讀者進一步查詢。

【推薦序】

黑暗中的微光力量

蘇絢慧（諮商心理師、作家）

讀著這一本鮑赫斯・西呂尼克所著的《重新學會愛：在傷痛中自我修復，創造幸福》，腦中浮現出許多遭受創傷的生命。他們都曾對我說，生命遭遇巨大的傷害及重創，活著像是無盡折磨，無以解脫。即使遍尋可以獲得解救的方法或對象，卻還是難逃身陷深淵的命運，再怎麼努力、費力地掙扎往上，卻仍跌落困頓黑暗。

我一直相信，這世界上的人，沒有人會沒有傷痛及逆境，或許人們喜好以輕重強弱來比較「傷痛」存在的正當性，像是：如果我認定我的傷痛最重，那你的傷痛就不算什麼；或是，你的傷痛好像比我的重，我的傷痛不算什麼……

這種「比較」的方法，是為了防衛我們受傷的心靈，並避免感受太多的痛苦，卻非是「自我修復」（自我療癒）。作者認為「自我修復」是需要在苦痛遭遇中，對自己的生命，仍有愛的感受能力；能在建構屬於自己的生命故事同時，擁有友善、充滿情感支持的連結，無論是對另一個他人，或是整個世界。

同一起災難或意外事件的倖存者，為何有些人的生命在傷害事件後浴火重生，成為這世界的嶄新力量；有些人則深陷苦淵，感嘆不幸命運纏生糾葛？這當中究竟是什麼導致不同的生命走向，以致創造出不同的生命風景？

如果你深入探究，而不是只做表面化的解釋：「人就是要強悍，堅強抵擋對抗，不向命運低頭，才能克服逆境」的話，你會發現有如作者所言：「創傷者如何重生，就是重拾愛與被愛的能力。」是愛的體會和感受，讓我們對內心的傷痛經歷有了不同的理解，也接納了遭受傷痛的自己，對受苦的自己有情，願意以情感撫慰傷痛的心。

越是嫌棄自己、羞辱自己，並且認定這世界不斷給予的只有傷害及全然的惡待時，我們與世界的斷裂將越來越劇烈，終將使我們的心靈成為孤寂荒蕪的世界；內心空無一人存在，只有槁木死灰的景色，猶如焚燒過的地獄景象，使我們所經歷的傷痛增加數倍，壓垮我們僅存不多的生命力氣，使我們絕望。

而唯有愛，是行走在黑暗中的光亮。即使是在微小事件上，微小體會到愛的發生及存在，這愛的感受力，都能為生命帶來微小力量，成為黑暗深淵中扶持生命重量往上的繩索。

但是，愛的感受力，並不是容易發生，或是可以被刻意操作出的。這感受力源自於童年時期所知覺到的「依附關係」，它讓我們感受到愛的存在，產生深層情感連結的經驗。若沒有這個對愛的體認經驗，在愛的感受上，即失去了理解的基礎，可能會不斷錯過或誤解他人所傳遞的愛的訊息。於是，他人給出的包容、善意、關懷、支持、支援……都無法真正的被感知到，也無法成為愛的力量，無法讓內心的傷痛有被愛溫柔地撫慰及撫觸的機會，得以因為滋養、療傷而再生。

那如果早年依附關係受損，對愛毫無感知能力，難道我們只能任憑傷痛摧殘，讓生命陷落在無底深淵，一生不得超脫？

我想，那正是此書出版的原因。我們總要回到無條件對自己有情有愛的意願上，願意學習如何把遭遇傷痛的自己愛回來，擁抱回來。即使再難，都不放棄靠近愛、學習認識愛、經驗愛，並以這份愛，陪伴自己度過黑暗，走回光中。

Parler d'amour au bord du gouffre

第一章

前言

無意間伸出的援手

賦予某一行為意義，能將之轉變為修復的支柱

想看起來乖巧聽話，只要閉上嘴就行了。但是，在十六歲的年紀，瞎扯、閒聊都是用來連結彼此的語言工具，我們渴望說話。

我記不得他的全名了。印象中，那時大家都叫他的姓——胡隆。胡隆向來不發一語，他的沉默更是與眾不同。有些人不說話是因為不想引起注意，因此他們低著頭，避開和他人的眼神接觸。至於胡隆，他所散發的神祕態度清楚說明：「我在觀察你，我對你很有興趣，但是我閉上嘴以免洩露自己的祕密。」

胡隆會引起我的興趣是因為他跑得很快。這個優點對雅克．德古高中的青年橄欖球隊來說很重要。拜體能所賜，我們常在比賽中佔上風，但卻又因為沒有速度夠快的翼鋒而被打敗。於是，我與他交上朋友。與他談話時，我必須一人獨挑大樑，負責發問、回答、提議，並做出訓練相關決策。某天，在一段漫長的沉默之後，他突然說：「我媽邀請你來吃點

心。」

從維克多．馬斯街往上走，靠近皮加勒紅燈區，轉進小鎮裡常見的死巷子：大塊石板地、陳列著水果和蔬菜的攤位，還有一家豬肉攤。上到三樓，出現一間雅緻的小房間。胡隆安靜地坐在沙發上。巧克力、蛋糕和糖漬水果分別盛在金色小碟裡，而我則把這些點心塞了滿嘴。我儘可能假裝不知道胡隆母親的營生方式：是在維克多．馬斯街上？或是皮加樂區的咖啡館？

五十年後，就在幾個月前，我接到一通電話，話筒中傳來：「我是胡隆，剛好經過你家旁邊，想出來見個面稍微聊聊嗎？」他很瘦、很優雅、挺好看的，而且話明顯多了一些：「我讀了商學院。其實我對商業一直沒什麼興趣，但是，比起那些煩人的朋友、讓人敬而遠之的女生，我寧可和書作伴。我是想跟你說，你改變了我的一生。」我心想：「這可真是出乎意料！」他接著說：「謝謝你當時假裝不知道我母親是做那行的。」他甚至沒勇氣說出那個單字。「那是我第一次看到有人對她如此親切……好幾年來，我腦海不停重播當初那一幕。你，裝作什麼都不知道，或許還有些太過彬彬有禮，但是，那是第一次有人尊重我的母親。從那天起，我重拾希望。我就是想告訴你這些。」

儘管胡隆已經進步許多，他還是個乏味無趣的人。我們之後再也沒見過面，但這次重逢見當下的我，為眼前所見迷惑；而胡隆他，則經歷意義深遠的一刻。

士、她的小房間很熱、我一直在想她為了把胸部托高，穿那麼緊的緊身衣要怎麼呼吸。只看什麼也看不見。[1] 我感知到的現實，對我而言沒有太大的意義：一位遞給我過多巧克力的女

他相信自己看到亮光，是因為周遭一片漆黑。而我，本就生活在一片明亮之中，因而

談心理韌性與自我修復）的道路上扮演了導師的角色。

五十年之後，我很驚訝地得知自己曾在胡隆進行自我修復、發展心理韌性（詳21頁編輯補充：淺

找，而要從個人的過去探究：對我而言微不足道的情節，卻徹底顛覆他的內心世界。在經過

相同的動作場景，對我們兩人來說有著截然不同的涵義。意義，並非從事件本身去尋

意義。我那惱人的禮貌給他帶來了一點希望。

到感受是可以改變的，他就有了改變的信心。而我誤打誤撞的舉動，為他展示了相當重要的

帶給他的內心煎熬漸漸有了平息的契機。雖然他還需要再做一些心理建設，但僅僅因為瞭解

件事帶來激勵人心的騷動。他發現自己可以不用再覺得羞恥。透過第三者的角度，母親職業

我沒有任何理由對這位雖然穿著怪異，卻十分親切的女士不敬。但是，在胡隆的世界裡，這

卻在我心中留下一個疑問。在我自己的世界裡，我只是單純想招募他進橄欖球隊擔任邊衛。

【編輯補充】
explanatory note

淺談心理韌性與自我修復

「Résilience」（英文作「Resilience」），是本書作者鮑赫斯・西呂尼克的致力推廣的概念，也是貫串本書思想的核心關鍵字，其原意為「反彈的力量」，後為心理學界援引，指的是「個體在經歷生命威脅事件或創傷後，能（很快地）回復到良好適應狀況的現象。」

台灣學界早期將「resilience」譯為「復原力」，近年則多譯為「韌性」，以凸顯面對困境的適應彈性，是為「心理韌性」（psychological resilience）。本書衡量行文的筆觸和語境，多將「résilience」譯為「自我修復」，適時交替使用「心理韌性」一詞，以呈現文本的內涵與味道。

1 出自法國詩人兼劇作家羅斯坦（E. Rostand）〈唯有在夜晚才會相信光明〉（C'est dans la nuit qu'on croit à la lumière），參見日內瓦大學心理與教育學系凱特琳・史穆茲本（Catherine Schmutz-Brun），《老年疾病》（*La Maladie de l'âge*），二〇〇三年五月二十二日發表於豐特萊研討會（colloque de Fontevraud）論文。

歐嘉收到的宣判

獲判緩刑的奇妙感覺，存在於死亡與死亡之間

歐嘉嘆道：「昨天，九點四十五分，短短一句話就把死亡植入我腦中：『您很難有機會再行走了。』車禍前，我的生活大多在沉悶的日子和枯燥的課業中度過，偶爾會被滑雪或電音舞會的快樂點亮。九點四十五分，簡單的一句判決帶來了心碎。判決宣讀了。一開始，我沒有感到痛苦、遲鈍地反應不過來。之後，隨著意識到自己還沒充份活過，折磨才開始。『太愚蠢了，我應該多享受一點快樂時光，好好品味生活中的每一秒。』」

「『您希望我怎麼做？』醫師問道。」

「『告訴我實話。』我回答。但是那是謊話。我總覺得還有那麼一點極微小的機會，這一切不過是個惡夢。他根本不該毀掉這個希望。我想聽到的是能夠滿足這個期望的實話。」2

沒有對白的故事，在胡隆的內心世界播下希望種子；而一句判決，則摧毀了歐嘉的世界。聽到這樣一句話後就再也沒辦法回到從前了。人們或許可以在某種程度下重生，但因為

傷痛已深植靈魂，我們將用另一種方式生活。我們用體驗第一次的心情品味生活，但就是不一樣了。我們還是能再度感受音樂帶來的愉悅，但那已是另一種不同的愉悅，更為敏銳、強烈、甚至絕望，因為我們差點就失去它。

這是種帶著絕望的歡愉。歐嘉在法國南部的土倫求學時才十八歲，忙於課業、到帕魯滑雪，又到邦多參加舞會，一刻也閒不下來。這樣的生活在某夜一次轉彎失靈，撞上一堵牆後，徹底碎裂。如果我們在十八歲妙齡下肢癱瘓，跟死亡毫無二致。一開始，死亡徹底佔據我們，然後生命再度滋長，但僅剩一部分，而且混雜一股怪異滋味。時間的意義已全然不同。之前，我們有時放任日子一天天流逝，有時抓住了，有時則感到百無聊賴，我們感覺時間緩慢地流向遙遠、確切但仍虛幻的死亡。自從那場意外將死亡植入她的靈魂之後，歐嘉重拾生活，內心卻伴隨著一種活在兩個死亡之間的奇怪感覺。她身體裡某一部分的生命已經死去，另一部分生命則等待著之後來臨的第二次死亡。戰勝創傷的人常有得到緩刑的感覺，為逝去的生命感到絕望，而對眼前還能享受的一切，則感到更為強烈的歡愉。歐嘉已不能再滑

2　參見赫爾尼（B. Hoerni），《癌症群島》（*L'Archipel du cancer*, Paris, Le Cherche-Midi, 1994, p.54）。

雪、跳舞，但是她還能學習、思考、交談、微笑，盡情哭泣。而今，她成為出色的遺傳學家。她有工作、有朋友，也持續運動——坐著輪椅運動。「當我第一眼見到一位脊髓受傷的患者時，如果，他的眼神裡閃過對生命的熱愛，我知道他終會走出陰影。那些看起來曾受過傷的人，傷口有天會結痂。我向你保證，傷痂絕不是單純的表皮癒合問題。那是一種壞死，是無時無刻帶著的死亡。那些即使深受其苦，但卻仍選擇接受新生命的人較容易走出創傷。即使他們原先並不愛運動，他們也會養成運動習慣、與他人建立連結，並且更加辛勤工作。」[3]

幾年前，截肢患者勉強獲得某種重建後，就被遷入照護機構。可悲的是，他們也只是在那苟延殘喘地活著。現在，社會觀點正在改變：無論他們所受的傷是否能夠痊癒，傷者會被要求運用自己的能力重新學習另一種生活方式，而他周遭親友或整體社會則提供某些自我修復的支援，讓他在這些支援下成長。

歐嘉的故事讓我們理解自我修復的概念。數十年前，這樣的殘疾人士被視作低人一等。大眾只看見他們生理上的殘缺，而阻礙他們重新展開精神層面的生活，使他們在社會上不復存在。在經過極長一段時間的技術與文化上的努力後，才讓他們大部分人得以用另一種方式重生。

3 出自夏布羽（F. Chapuis），參見亞利桑（J. Alessandri），被害者研究論文〈關於自我修復〉（A propos de la résilience, mémoire pour le diplôme universitaire de victimologie, Paris, université René-Descartes, 1997, p.25）。

愛不止息

當我們帶著過往印記走出不幸……

我當時禮貌的舉動對胡隆來說是一則啟示：他的母親可以不受到輕蔑的對待。整個童年時期，他始終愛著一個被所有人都貶抑的女人。當母親將他從自小寄宿的學校接出來時，他很高興能與這位熱情又充滿活力的女士同住。因為她白天睡覺，晚上出門工作，胡隆常常感到無聊。他當時以為，母親大概從事某種藝術工作。學校同學的竊竊私語及噗嗤爆出的笑聲，很快就讓他明白母親的職業有其特殊之處。胡隆變得鬱鬱不樂，但仍十分尊重母親，並極力捍衛她的名聲，有時不惜揮舞拳頭。

同學挑釁的鬼臉、當自己走近時便嘎然而止的耳語……，這些悄悄持續、幾乎難以察覺的痛苦日復一日地造成傷害。這些沒說出口、幾乎看不見，卻又好似什麼都說了的舉動，讓小男孩痛苦不堪。他被活生生地困在充滿嘲弄的世界。當時與胡隆母親的互動，對我來說只是一個遙遠模糊的記憶，但是在他心裡卻是個意義重大的指標。我在不知情的情況下，為他的自我修復之路墊下第一塊石頭。從那一日起，他重拾希望，漸漸地交了兩、三個朋友，並邀請他們和橄欖球隊一起嬉鬧活動。嶄新的世界穩穩建構起來，胡隆也慢慢學會交談。

初次邂逅妻子時，胡隆還在進行自我修復，他得強迫自己，才有辦法介紹她與母親認識。年輕女子表現得體，甚至可說極其有禮。胡隆希望母親與女朋友不要太常見面，因為他愛這兩個女人的方式是不同的。在經過好幾年心理上的練習後，某天他吃驚地發現，當她們兩人見面時，他已經不再感到不自在了。

他能夠勇於嘗試戀愛，要歸功於數年前重拾了希望，然而，卻是妻子表現的情感模式，使他學會另一種愛人的方式。他不再被這個自己深愛、卻難以將愛說出口的母親困住。我當天那象徵性的一幕啟動了希望，但是，是他生命中的第一個愛人讓他有了信心，並徹底轉移了他不為人知的痛苦。

遲鈍的感覺保護著歐嘉，讓她在意外後暫時感受不到痛苦。她說感覺自己的身體有點奇怪，但是沒有意識到實際上發生了什麼。旁人稱讚她勇敢，然而那只不過是一種短暫的麻醉。「您很難再有機會行走了。」當醫生如此向她宣告時，痛苦就隨著這句話一湧而上。她理解到自己再也無法自由行動，這讓她在面對未來計劃，甚至是過去時，都感到一團混亂：「我當初應該更努力享受生活……未來該怎麼辦？」在不久以前，我們的文化並不認為殘障者有自我修復的韌性，歐嘉可能被一分為二：已經死去的一半，和奄奄一息的另外一半。現在，肢障人士已受到更好的照顧，雖然死去的那一半仍然受限於科技與醫學進展，但是活著的另外一半已非垂死狀態。歐嘉重新展開生活，即使一切不同以往。她必須優先看重某些在發生意外前她不那麼重視的能力，她投注大量心力從事智力活動，並且加強人際關係。現在的她，和其他一些人一樣，都肯定自身弱點[4]所帶來的成長，他們帶著身體障礙，卻變得頑強、能幹。她目前在一間實驗室工作，也剛懷孕不久。她的丈夫帶著自己愛人的方式與這個特別的女人結合。孩子在出生之後，將會愛著一對與眾不同的父母，也從他們身上得到獨特的傳承。

對於潛藏能力的投入、社會眼光的重新審視以及不同情感模式的結合等等，將是本書探討的主題。到了適婚年齡時，我們將自己渴望成為的那一面表現出來，但是，我們卻是帶著各自的情感模式以及過往經驗，以真實的自己進入兩人生活。每對伴侶都會簽署一種特殊協定，藉此宣示成為一體。既然是兩個不同獨立個體的結合，這種將兩人視為一體的觀點，也就十分耐人尋味。在如此創造出來的情感場域，孩子誕生了，並在其中成長。

我們將談論愛，因為兩個人很難不互相喜歡而能結成伴侶，而兩人間的愛也無可避免地會在孩子身上留下印記。然後，我們也將談論深淵，因為所有愛侶都是身處懸崖，同時奮力搏鬥以遠離懸崖。

身體上的「傷疤」一詞，可用來作為心理創傷患者心靈傷疤的隱喻：「可以說是奧許維茲集中營這個傷疤造就了今日的我……」在創傷影響下，心靈處於奄奄一息的狀態，破碎、遲鈍的內心，讓集中營囚犯無法理解眼前世界。各式各樣荒誕的訊息使他們感到混亂，因而無法思考、無法找到立足點、無法與其他人或自身過去建立連結。這些缺陷生命的未來，受制於各種壓力因素：傷害的嚴重性、持續時間的長短、創傷前這些人所建立的自我認同，以及他們對這個擊垮自己的事件所賦予的意義。集中營囚犯後來的心理狀態除了受到個人過往經驗的影響，同樣也取決於家人、親友對其遭遇的看法：「糟透了，你完蛋了，你永遠不可能走出來……」或是：「你是咎由自取，你到底幹了些什麼而把自己搞成這樣？」受害者通常或多或少也都是罪有應得，不是嗎？

重返生活總是悄悄地，帶著一點因為好似獲得緩刑的感覺而引起的奇妙喜悅，一個人的過往人格會因為創傷而四散成碎片，如果沒有人將這些碎片拾起、重新拼湊，那個人不是維持在死亡狀態，就是在重生時困難重重。相反地，若是每天都得到親友的情感支持，而且文

4 參見茹裡安（A. Jollien），《弱點頌歌》（*Eloge de la faiblesse*, Paris, Cerf, 1999）。

化論述賦予創傷某些意義，他就能重新開始另一種型態的成長。「每個受創者都被迫接受改變」[5]，否則無法起死回生。

佛洛伊德（S. Freud）曾提及我們今日所謂的「心理韌性」的自我修復可能性：「我認為，考量到『自我』（ego）絕佳的統合活動，在談論創傷的同時，我們無法不去探討反應癒合……」[6]

我們應該要自問：為什麼某些人會被重返生活的可能性激怒。自一九四六年起，美國精神分析學家瑞內・史皮哲（René Spitz）針對缺乏愛所引起的消沉進行一系列研究，消沉甚至可能演變為依附障礙。情感支持的缺乏甚至可以導致一個孩子放棄生命、情願走向死亡，因為他不需為任何一個人活著。一九五八年，史皮哲研究憂鬱的孩童如何重新開啟人格發展歷程：「在依賴性憂鬱（anaclitic depression）的治癒過程中，我們看到驅力局部地『重新整合』的現象；這些孩子很快就重新展現活力，他們變得快樂、活潑、好強。」[7]

安娜・佛洛伊德（Anna Freud）在史皮哲發表該論述著作的前言中寫道：「對於那些想就此問題做進一步研究的學者，史皮哲博士的著作給他們帶來一線曙光。」[8]當時，她這番意見遭到強烈批評。[9]英國精神分析學會（British Psychoanalytic Society）主席約翰・鮑比（John Bowlby）亦致力研究母愛缺乏的現象，他受動物行為學啟發，由此發展出依附理論，[10]支持現實造就孩童內心世界的看法。當時，另一派人士則對這項研究成果持不同意見，他們主張創傷不存在於現實，兒童之所以受到創傷，緣於「出現某種難以接受的事件詮釋」。[11]這項論述也是正確的，因此，約翰．鮑比晚年融合兩者說法，提出：「一個獨立個體在發展過程中所選擇的方向，以及他面對生命中壓力事件的自我修復程度，都深深取決於他生命初期所發展的依附型態。」[12]

5 出自居東（P.Gutton）於拉普朗虛精神分析日的私人談話內容，二〇〇二年四月二十七日，〈性犯罪〉（*Le crime sexuel, Aix-en-Provence*, 2002）。

6 參見佛洛伊德（S. Freud），《書信集》，一九三〇年九月十九日信件（*Correspondance*, Paris, Gallimard, p.436. P.Sabourin, Ferenczi. Paladin et le grand vizir secret, Paris, Editions universitaire, 1985, p.150-151）。

7 參見史皮哲（R. Spitz），《孩子新生命的第一年》（*La Première Année de la vie de l'enfant*, Paris, PUF, 1963, p.22）。

8 參見安娜．佛洛伊德（A. Freud），同上，前言。

9 參見桑德勒（J. Sandler），《防衛分析：與安娜．佛洛伊德對談》（*L'Analyse des défenses. Entretiens avec Anna Freud*, Paris PUF, 1989）。

10 參見鮑比（J. Bowlby），《情感與失去》（*Attachement et perte*, Paris, PUF, 3 tomes, 1978-1984）。

11 參見奧勒尼耶（P.Aulagnier），《歷史家學徒與巫師師傳》（*L'Apprenti-historien et le maître-sorcier*, Paris PUF, 1984）。

12 出自鮑比（J. Bowlby），美國精神學會第一三九次會議發言，一九八六年五月十一十六日，於華盛頓。法文譯文：〈發展心理學時代來臨〉，（L'avènement de la psychiatrie développementale a sonné），《變化：約翰．鮑比特刊》（*Devenir, numéro spécial John Bowlby*, L'Attachement, vol. 4, no4, 1992, P.21）。

旁人對創傷事件的描述，如水載舟覆舟

尋找隱藏含意，能夠幫助意義建構

佛洛伊德認為成年時期出現的痛苦，皆於童年即播下種子。而今，我們必須補充道，親友或輿論環境對於那件創傷的描述方式，有可能減輕，或相反地加深受創者的痛苦，這全都取決於他從周圍接收到的事件描述為何。

在拉丁美洲、非洲或近東，曾被招募為兒童兵的人幾乎都留下了創傷。那些成功重新開展生活的人，除了離開家鄉，甚至可能遠走他國，別無選擇。唯有如此，才能「從零開始」，不再因周遭為他們的過去所貼上的汙名標籤所苦。因為他們只學會如何作戰，很多兒童兵都畏懼和平。但是其中有些人亟欲逃離這樣的宿命，並且要求遠離他們曾擔任士兵的地方，到他處上學。只要社會組織能給他們轉變的機會，這些人是可以改變的。當他們被問道，若是不曾遭遇戰爭的痛苦，他們會如何，幾乎每個人都答道：「我會跟我爸爸一樣」。這個答案十分合理，因為在承平時期，孩童的依附對象、識別典範，就是成年人。因為曾親

身參與過戰爭，那些學會賦予暴力情色意涵的孩子，後來往往成了傭兵。在所有現代戰事中，有百分之十至十五的軍人嚐到恐懼引起的歡愉。在哥倫比亞、中東或斯里蘭卡，越來越多的婦女投入戰事，她們也同樣感受到這股令人害怕的快樂。即使傷殘者的比例依戰況而不盡相同，在戰爭爆發的第一年，仍可推算出約造成百分之三十的人受到傷害。那些沒因戰鬥而充滿激情、也沒因此受傷的人，大部分仍在戰爭結束時感到消沉、絕望。

許多兒童兵都夢想成為醫生以「拯救他人」，或是成為作家以「見證歷史」。然而，社會環境並不總是能讓他們如願走完這條漫漫長路。那些後來得以建立家庭、成為醫生或記者的人，仍然永遠無法忘卻那些創傷，甚至相反地，創傷成為他們一生志業的主軸。他們永遠無法體會太平時期一個真正的家庭生活所能夠帶來的恬靜幸福，但是他們還是能夠藉由抓住一點幸福時光，同時賦予創傷某些意義，好讓自己能夠忍受它，重返常人的世界。

折磨一個人最有效的方法，就是對他說：「在這裡，沒有為什麼。」[13]從而讓他灰心絕望。這個句子把他打入純物質的世界，讓他受外物管控，並且將他自身也視為物品。若要對

13 參見勒維（P.Levi），〈這裡沒有為什麼〉（Hier ist kein warum），《如果是一個人》（*Si c'est un homme*, Paris, Robert Laffont, 1996）。

一個心靈垂死的人伸出援手，並幫助他在常人的世界重新找到立足之地，「賦予意義」這項工作是不可或缺的。在這裡，問為什麼是被允許的：「若將眼前影像和動盪經歷轉變成文字或口語陳述，使之能與人分享交流而產生意義」[14]，能重新賦予他們人性。對於「為什麼」的熱切追尋，是自我修復的要素之一，它使得人們可以重新織起斷裂的連結。

熱梅娜．蒂利翁（Germaine Tillion），人類學家，馬格里布地區研究專家。因為參與抵抗運動，於一九四三年被囚禁至拉文斯布呂克（Ravensbrück）集中營。一抵達營地，她立即運用自己之前與柏柏爾人交手時培養的絕佳觀察力，先試著瞭解營地運作、夜晚情形，然後，在臨時搭建的棚屋裡向大家演講，說明守衛打算如何剝削他們，至死方休。

戴高樂．安東妮奧（Geneviève de Gaulle-Anthonioz），法國軍事家戴高樂將軍（Général de Gaulle）的姪女，曾這樣對她說：「聽著你的演說，我們不再是一塊塊碎片（Stück），而是有血有肉的人，因為可以瞭解這一切，所以有了反抗的能力。」[15]

蒂利翁對此回應道：「解析我們四週現象的能力，在精神層面上保護了我們，減輕恐懼……我回家鄉之後，即專注於研究集中營囚禁的主題。」[16]

為了不被殺死，必須得在隱含的意義中，找出讓這個荒謬、殘忍的體制得以運作的隱形結構。由於被酷刑所震攝，有時會導致受害者對施暴者產生認同，但是，大多數受害者對施暴者的印象，則會讓他們留下一些記憶，能在之後幫助轉變發生。這些記憶讓受害者擁有一方內在自由天地：「這，是他們奪不走的，他們無法阻止我瞭解內在自由的運作，並把握每個使用它的機會。」這個意義建構能夠使他們產生歸屬感，並保護自我認知，同時將這份認同感納入團體之中。在這個團體裡，人們使用相同語彙、圖像，並遵從凝聚向心力的儀式。一重獲自由，這兩位女士就全力投入對抗阿爾及利亞的不人道酷刑以及世界各地的飢餓問題。

「我們現在已經知道，在事件發生後重建連結、建構意義……確實可以讓創傷者受益」[17]，但是他們對事件的評論方式，仍然與留在生命歷程中的傷疤有關。

14 參見提奇（C. de Tichey），〈為了保護童年的創傷、脆弱與修復〉（*Trauma, vulnérabilité et résilience en protection de l'enfance*），《連接》（*Connexions*, no.77, 2002, p.106）。

15 戴高樂・安東妮奧（G. de Gaulle-Anthonioz）所撰前言，參見蒂利翁（G. Tillion），《橫渡渠道》（*La Traversée du canal, entretiens avec Jean Lacouture*, Paris Arléa, 2000）。

16 參見〈與蒂利翁的討論片段〉（*A bâtons rompus avec Germaine Tillion*），《抵抗的愛國者》（*Le patriote résistant*, no.21, 726, avril, 2000）。

17 參見吉約曼（J. Guillaumin），《傷口與傷痕》（*Entre blessure et cicatrice, Seyssel, Champ Vallon*, 1987, p.196-198）。

沒有任何一項活動比建構意義的過程更為私密。受到現實創傷影響的部分，將滋養回憶重現的方式，而後者形塑了我們的自我認同。這個意義會留存在我們心中，並主導生命走向。

第二章

自我修復，一種對命運的反抗

「弔詭的是，唯有在終了之際，事物才被賦予了意義……而故事也自此展開。」[1]述說，我們一字接著一句地說，卻只有當聲音漸歇，我們才能明白這些字句最終的意義。生活，我們日復一日地生活，諸多事件也同時累積其中，然而，只有在反觀自身的那一刻來臨時，方能領悟生命的脈絡。「個別字詞的原意，在它們接續出現的過程中逐一消逝，這時，真正的深意也才顯露出來。」[2]童年逝去後，我們提筆書寫那段往日時光；而當生命邁向盡頭，我們才能尋出為何要活這一回的答案。

是時間讓我們感受萬物的意義。或許應該這麼說：意義來自於往日時光的重現，來自於我們回觀過去的方式，重新安排回憶，滿足瑰麗想像，而我們所感知到的意義由此產生。對於自身事件的描述，以及自己所勾勒的未來幸福圖像，會在內心構築起另一個世界。這個世界不存在於此時此刻，但我們卻能深切感受。

羞辱的歐姆蛋

一幕幕事件發展，將物品轉化為某種象徵

一份羞辱的歐姆蛋和一杯令人擔憂的茶，使我明白生存的意義來自一連串已脫離當初情境的事件。

德蕾絲自覺活得太過中規中矩，沒有勇氣承認自己其實總悶悶不樂。每天上午十一點鐘左右到超市購物，就是她生活的重心。那天，她的推車撞上一個年輕男子的推車。日子平凡無奇，推車互相碰撞這種事也經常發生，但年輕男子立刻將這個小插曲化為一句親切的話語，引出德蕾絲一抹微笑。過了一會兒，他幫她把貨物裝上車；過了一會兒，他在離開停車

1 參見高達（J.-L. Godard），《愛情研究院》（*Éloge de l'amour, Film Réminiscence*, 2001）。

2 參見哈達（G. Haldas），《回憶與重生》重點摘錄（*Mémoire et résurrection*, Lausanne, L'Âge d'Homme, 1991, p.167-168）。

場時朝她揮了揮手；過了一會兒，她抵達家門時，發現他把車停在同一條街上；再過了一會兒，她驚訝地發現自己正和一個迷人的男子躺在床上，而這人在兩小時前甚至還是個陌生人。[3]

事後，德蕾絲遲遲無法從剛剛發生的事回過神來。她對男子說：「中午了，你願意的話，我去煎個歐姆蛋。」他答說這是個好主意，而且在她煎蛋時，他可以去檢查車子發出的怪聲。隨著引擎聲隆隆響起，一股奇異的感覺油然而生，驅使德蕾絲走到窗邊。她看到車子加足油門甩過街尾，一溜煙地消失。心口彷彿被重擊一拳，德蕾絲淚如雨下，感到備受羞辱。

相反地，假若男子留下來共享了德蕾絲的歐姆蛋，這段豔遇將被賦予截然不同的意義：「美妙、不可置信的瘋狂。我怎麼會這麼做？算了，別多想了。不如，就當是灰暗天空裡的一抹美麗彩霞。」

數分鐘前的相遇，因為男子的逃跑而被賦予一層意義。德蕾絲端著盤子，滿懷憤怒。她沒有吃掉那份名為「羞辱」的歐姆蛋。然而，若男子留下共享，同樣一份歐姆蛋卻可能意味著「瘋狂的喜悅」。一樣物品因為事件發展而轉化為某種象徵。

處於震驚狀態的德蕾絲，回想起了幾個畫面和對話。她一邊忿忿低語，一邊卻感到某種需求被滿足的奇妙喜悅。她更動了幾個場景、胡思亂想著：「我應該跟他說……早該發現……該要趕他出門。」在重新建構過去的同時，她將這段偶遇加入到自己的人生故事中，並試著找出它與過往相似、重覆之處，甚或某種規律，好弄懂自己的人生脈絡：「我老被男人耍得團團轉……跟第一個男人在一起時也是這樣。」從往事中抽絲剝繭後，她歸納出一個能讓自己對未來感到安心的規則：「一定得做些改變。既然我總是不夠提防男人，我就得更提防自己。」她有意識地再次、重新呈現記憶中的場景並略做修改。然而，在飽嚐痛苦的當下，德蕾絲並非刻意為之，她只是想釐清未來可以參考的方向。這個悲傷的回想過程幫助德蕾絲找出讓她在未來日子裡能夠掌握自己人生的一套規則，從而產生一股安全感。這經驗被納入個人自述中，這個具象徵意義的歐姆蛋讓德蕾絲發現了自己的生命脈絡。

如果可以賦予發生的事件意義，並依照個人情感做些許調整，這種重新描述自身事件的傾向即構成了自我修復的元素。

毫無疑問地，德蕾絲的反應並不是針對雞蛋本身，她是對一連串事件所賦予歐姆蛋的意

3 此例曾於西呂尼克（B. Cyrulnik）《情感關係的徵兆背後》一書中引用（*Sous le signe du lien*, Paris, Hachette, 1989, p.225-226）。

義作出回應。她不是遭到歐姆蛋的羞辱，而是那個情境事件及自身過往經歷，使她賦予歐姆蛋某些意義，而這層意義讓她感到受辱。

人類無法活在沒有回憶和幻夢的世界。眼光若僅侷限於當下，便不能賦予事物意義。一杯茶的神祕事件便可以說明這個概念。假設，您原本心無旁鶩地在修整花園，工作告一段落，您走進客廳想涼快一會兒，卻意外看到孩子們坐在電視機前一臉驚恐。螢幕上，一個男人正拿起茶杯準備喝茶，您暗忖這個畫面哪裡可怕，怎麼也想不明白。這是因為影片主角的妻子把氰化物加進茶裡的那個當下，您還在花園裡。[4] 相反地，孩子們的腦海裡記得這一幕，因此預知畫面上的男子就要死了。他們充分感受到這部偵探電影裡引人入勝的恐懼氛圍，而您只看到一個毫無意義的平凡物品。他們正經歷可怕的一幕，但對您來說則什麼事也沒發生。孩子們的記憶賦予那杯茶特殊意義，他們知道，這個物品所代表的絕不僅只是一杯茶，更承載了死亡。他們覺知到的當下實則受過去影響，並因而產生對未來的緊張不安。

---

4 參見沙克特（D. L. Schacter），《記憶追尋》（*À la recherche de la mémoire*, Bruxelles, De Boeck Université, 1999）。

通俗字詞也具有個人意義

深植過往的經歷影響了單純的語言習慣

這種將個人成長歷程中產生的意義加諸於其他事物的能力，可以在敘事（narration）中輕易發現。在進行一段融入了自我認知的敘述時，必須清楚掌握事件發生順序以及印象深刻的幾個畫面，然後作出記述。即便是日常生活中與人交談時使用的字詞，也都已在每個人的過往中被賦予了某些意義。

瑪麗・諾瓦成長於一九四〇年代的波蘭，在一段不尋常的童年時光之後，她便發展出獨特的創傷回憶：除了殘留的幾段精確記憶，其餘猶如一團迷霧。孩提時的她，目睹了自家遭縱火，經歷了轟炸、父親失蹤、姊姊被捕等事件，更終日提心吊膽，擔心哪天輪到自己入獄。她親眼看著朋友的身軀伏在馬背上被載回來，前額留有子彈射過的痕跡。她也曾佇立在被輕薄的白雪覆蓋著的屍體堆前，為其獨有美感而動容。這一切，直到飢餓、孤身一人的她先後被交給幾間不同的孤兒院和寄養家庭後才告終。儘管物質生活得到了保障，但是卻從沒有人能夠滿足她一絲絲情感需求。蘇聯「解放」波蘭之後，瑪麗的母親找到她，並問起這兩年分離期間的生活。小女孩回答：「沒甚麼特別的。我說真的。我越過一片缺乏時間、生命與溫情的荒漠。我走出來了，筋疲力盡。就這樣。」[5]相較於獨自流落街頭，瑪麗在孤兒院裡得到了較好的保護。然而，在內心深處，情感上的孤獨使她心如止水，沒有任何情感連結、也未建構出記憶畫面或時間標記以完成自述：「……缺乏時間……溫情的荒漠……」這段記憶中缺少畫面。

雖然這樣的經歷使得回憶裡缺乏影像或對話片段，卻絕不意味著沒有記憶。只是，這是一個缺乏可回想事物的記憶，只有某類事件被注意到，並留存在記憶中，而小女孩則在之後賦予這些事件特殊意義。瑪麗後來前往巴黎求學時，曾有一位友善的年輕男子邀她共進晚餐。走進餐廳前，他隨口問：「你餓嗎？」瑪麗答以：「不，不，現在好多了，我每天都有得吃。」[6]一般概念上，字詞對於所有使用同一個語言的人應該都具相同意思，然而，個人過往的經歷，卻往往賦予字詞某些獨特涵義。

欲描繪過去或未來，必得由情感關聯出發，突顯某些物品、手勢、話語，而後形成一個事件。我們內在自有一套機制，將意義加諸於感知到的世界。

正因如此，必得等到語句終了，靜候生命完結之際，意義方才浮現。在一段話或生命的句點出現之前，意義無時無刻都可能改變。

5 參見諾瓦克（M. Nowak），《希望的銀行家》（*La banquière de l'espoir*, Paris, Albin Michel, 1994, p.108）。

6 同上, p.126.

腦海裡的大教堂

夢想中的計畫能改變我們對事物的看法

無論對於動物或是人類，意義的萌芽始於生命之初，然而其建構方式卻依物種、成長過程與個人經歷而異。

對動物而言，當下的現實是可理解的，牠們也會採取合適行為對當下作回應。當牠們覺察到其他動物的形體，其神經系統便會將之從周圍環境中擷取出來。即便是最簡單的生物體，其記憶歷程都在極早就發展出來，一旦上萬個神經元交織成一個微小的「腦」神經結（如蜘蛛體內的狀況），生物即具記憶能力。因此，動物可以學會解決在不斷變動的自然環境裡所遭遇到的各種問題，繼而有了不同的發展。只要牠的神經系統有能力喚回過去所擷取的訊息並作出回應，感官認知即可構成。這一記憶會將某一情緒加諸於觀察到的事物上，並根據過往累積的經驗決定要接近它，或是逃跑。[7]

初生嬰兒亦可理解當下現實。孕期最後幾週，胎兒就會對他所熟悉的基本感官訊息作出回應（如：聲響、外界碰觸、羊水味道、母體情緒等）。由此可知，從嬰兒呱呱墜地那一刻起，他的世界即由某些特定的事物構成。因為，他較容易接收到這些事物所發出的訊息。不過，所有生物都可以選擇要逃避或屈服、要攻擊或友好等，因而仍保有某種微小程度的生物自由性。只有在重現畫面或對話時，生物主體才能調整記憶所伴隨的意義。演化過程給了個體與生俱來的自我修復力。

話語的出現，瓦解了事物本身。原本，事物以勝者之姿占領我們的記憶。然而，一旦我們有能力創造象徵，並以一個事物代表另一事物，事物本身便在內在運作過程中被個人觀點所取代。

為了說明我們是如何生活在如此全新的世界，我時常引述法國作家查理．佩吉（Charles Péguy）的這個故事。[8] 在前往夏特爾大教堂的路上，佩吉看到路旁一個男人正大力揮動榔

---

7 參見杰唯（J. Gervet）與普萊特（M. Pratte）合著，《動物認知學要點》（*Éléments d'éthologie cognitive*, Paris, Hermès Sciences Publications, 1999, p.47-61）。

8 這可能是編造的回憶，因為查理．佩吉基金會並未找到相關文字記載。有可能是針對威廉．詹姆斯下面這段話的個人闡釋：「心智活動就是結局」，出自詹姆斯（W. James, 1908），《心理學概要》（*Précis de psychologie*, Paris, Marcel Rivière, 1932）。

頭敲碎石塊。他的臉上寫滿不幸，顯得十分憤怒。佩吉停下腳步問道：「先生，您在做什麼呢？」「您也看到了，我就只找到這個愚蠢又折磨人的工作。」那男人回答。稍遠處，佩吉看到另一個男人，同樣地，正在敲碎石頭。但卻是一臉平和、動作和諧。「您在做什麼呢，先生？」佩吉又問道。「這個嘛，這個辛苦的工作讓我可以餬口，還有個好處是能在戶外工作。」那人答道。更遠處，第三位碎石工人則洋溢著幸福光芒。他笑著敲擊石塊，並喜悅地看著碎片。佩吉問：「您在做什麼呀？」「我，」男人答，「我在建造一座大教堂！」

沒有和任何意義連結的石塊，讓辛苦工作的工人置身現實、當下，只能感受到榔頭的重量和每一下敲擊的痛苦。然而，在腦海裡建構了大教堂的那位工人轉化了石塊的意義。教堂的畫面讓他感受到一種崇高美好，並為之驕傲。但是，有一個待解謎團隱藏在這些工人的內心世界：為什麼有些人腦海裡有一座教堂，而其他人卻只看到石塊？

少了記憶或期望，我們就如同活在一個不知為何而活的世界。因此，為了承受當下的牢籠，我們會以立即的快樂填滿它。這種順應情勢的調整輕易地讓我們感到喜悅，然而，因為不可能時時充滿歡欣，這種短暫的快樂最終會引來怒火。無論是怎樣的趣事，一再重複都會讓我們漸漸不為所動、進而厭煩，甚至感覺折磨。很自然地，短暫歡愉終將因為一點微小的挫折就轉變為苦澀、尖銳。9 一心追求歡快的生命，和全無喜悅的生命相同，都將使我們陷落絕望深淵。

9 參見卡理（P.Karli），《思想與自由》（*Le Cerveau et la liberté*, Paris Odile Jacob, 1995, p.303-306）

及時行樂的靈魂來不及讓意義萌芽

只圖享樂，轉瞬即逝

「事物的意義不存在於客觀現實，而是存在於過往歷史和人們追尋的目標中。」[10] 然而，人類科技上的成就正創造出「及時行樂者」。[11] 講求快速的人們，受急迫感所驅使、吸引，使他們立即採取行動、無須多做思考，但卻正也因如此，讓他們的生活風格受限於這種與時間的關係：「我們有能力不受任何羈絆地享樂。各位享樂主義的朋友們呀，讓我們一齊對抗掃興的事，別讓它們成為絆腳石！」這樣團結一致的精神，產生一股同仇敵愾與自我安慰：「我們沒有做錯。我們只不過想盡情享受生命罷了。」然而，因為這種思考模式沒有足夠的時間讓意義誕生，因此，因享樂而齊聚的人們很快便又會分道揚鑣，而且什麼也沒有留給朋友或子孫。相對來說，建造大教堂所須花費的四百年光陰，甚至在教堂尚未完工之前便使人們感到幸福。意義造就了持續、且可傳遞給他人的快樂，而單純的歡愉則轉瞬即逝。反之，若歡快之事與意義間有所連結，我們便會覺得投入生命去奮力敲擊石塊是值得的。

意義在我們內心建構，揉合了我們生前與死後的一切，包括了歷史、夢想、祖先與後裔。然而，如果我們所處的文化或環境沒有為我們提供情感連結，使我們受到感動、形成回憶，這樣的情感剝奪和意義佚失，將使我們成為及時行樂者。我們享受歡愉時光，然而一旦不幸降臨，我們亦不具備自我修復的基石。

如此亦可說明，為什麼有些家庭、團體或文化較利於自我修復，而另一些則會阻礙其發生。

世界衛生組織[12]近期針對生存環境客觀上的改善與家庭或群體的崩解兩者關聯性所做的研究證實了此論點：「越是高度組織化的社會，人與人之間越是疏離。」[13]當生活環境得到

10 參見阿德勒（A. Adler），《生命的理想》法文譯本（*Un idéal pour la vie*, traduction française par Roger Viguier, Paris, L'Harmattan, 2001, p.45）。

11 出自拉依迪（Z. Laïdi），《當下的加冕禮》（*Le sacre du présent*, Paris, Flammarion, 2000），參見歐伯特（N. Aubert），〈刻不容緩〉（Le temps des urgences, *Cultures en mouvement, août*, 2003, No. 59）。

12 世界衛生組織OMS（Organisation mondiale de la santé）。

13 出自沙多利（N. Sartorius），國際自殺緊急電話聯盟國際會議（congrès international IFOTES, Ljubljana, Slovénie, juillet 2003, p.7-8）；沙多利（N. Sartorius），《為心理健康而戰》（*Fighting for Mental Health*, Cambridge, Cambridge University Press, 2002）。

改善，人們便更不需要其他人。甚至恰恰相反地，當一個人對他人付出關懷時，反而會在追尋自我成長的道路上受阻。然而，在一個沒有人可以獨力生存的社會，照顧他人就是保護自己。

當然，我們無法抗拒近五十年來大幅改變人類生活的進展，只是我們必須同時意識到，所有進步都有其副作用。個人表現的增進淡化了人際連結，也使我們在遭遇創傷時變得更為脆弱。正常情況下一切都好得很，但是當不幸降臨時，若是沒有情感與意義，生命就變得令人難以忍受，傷口也難以癒合。

二次世界大戰後、科技剛開始急速發展的那個年代，上述現象在一次針對年輕人未來規劃的調查中突顯了出來。那次調查中，戰敗國奧地利有百分之四十的年輕人漫無目標、惶惑度日，而戰勝的美國則有百分之八十的年輕人認為生命毫無意義。[14] 因此，生命的虛無感受到討論。為了填補空虛，年輕人致力追尋當下的歡快，或加入異端教派與極端主義社群，並轉而尋求意義的替代品。

擁有一個共同的計劃對於建構意義來說是必要的，但若要產生引發帶來幸福感的表徵（編案：réprésentation，英譯：representation，指將外在物理的、客觀的事件加以內化，而形成的抽象、主觀的心理印象），這個計劃必須永續而多樣化。在一個僅關注當下福祉的文化中，意義沒有充裕時間在人的靈魂萌芽；相反地，如果在另一個文化中，對未來烏托邦的承諾僅存在於另一個時空，永遠在他方，這個文化就會傾向犧牲現實人生的喜悅，轉而專注於未來的極樂。烏托邦世界扼殺現實，也使得光輝的未來幸福更顯動人，而此幸福永存於明日。

14 參見法蘭可（V. E. Frankl），《活出意義來》（*Découvrir un sens à sa vie*, Montréal, Les Editions de l'Homme, 1993, p.161）。

意義滿盈的花瓶

一件物品的流轉承擔了一段私密的故事

由於我們有詮釋的能力，對於過往人生中重大的、形塑出我們個人認知的事件，便很自然地會賦予某些意義。可能是針對某次考驗：「回顧過去，我很驕傲自己當時沒有被打倒。」也有可能是將某次失敗轉化為其他意義：「我的母親是家庭主婦，而且總是耳提面命『不論如何，你得當上外科醫生，好讓我以你為傲。』我在巨大的壓力下參加一個又一個的考試，然後，落榜了，而且發現她並未因而崩潰。所有的焦慮於是煙消雲散，我也開始去做真正喜歡的事。」我們更可以賦予某項物品不同意義，使之持續地「訴說」個人的生命歷史裡的某些事。

我們不能說莎賓娜在寄養家庭度過一段快樂時光，但她並不痛苦，就像外國人旅居在一間普通旅館，旅館中的其他人說著她難以理解的語言。她殷殷盼望著好日子來臨，而且，為了自由的未來，總表現得異常乖巧。某天，正逢她養母生日，她送給養母一個沉甸甸的貴重花瓶，裡面簡單插上從隔壁工地摘來的幾朵紅敗醬花。這些寒酸的花讓保姆大發雷霆，氣憤地說：「這就是我為你付出這麼多之後得到的回報！」她把花都扔了，只留下花瓶。莎賓娜當時想：「就連花所傳達的意思都造成我們之間的誤會。」

幾年後，她成為警察。當醫院來電請她去看她的「家人」時，她正在向實習生解釋一件尋常物品也可能是凶器。實習生開車陪她去醫院。實情是，養母的丈夫剛接受完腦脊膜血腫移除手術，他的顱骨與腦細胞間的腦脊膜下有血塊，會出現血塊，通常是因為腦部受到撞擊。莎賓娜走出診療室時，養母朝她走來並遞上一袋物品，說：「就是你，害得我丈夫差點兒沒命。」莎賓娜打開袋子，看到……花瓶！養母補充道：「我們常常吵架……你的那個花瓶，我朝他頭上扔了過去。」實習生低頭無語，莎賓娜拿起花瓶，摔碎後走向水溝，扔下去。實習生臉上泛起微笑。

我們的記憶把過往事件一一串連起來，使它們具有一致性，於此同時，各物品也就被賦予了意義。在不具意義的世界裡，我們將只能感受當下片刻，只能對現下接收到的刺激作出回應：行得通或行不通、吸引或抗拒、喜歡或討厭。片斷、沒有靈魂，也沒有一條線可以串起現實碎片，世界就以斷裂破碎的樣貌呈現。不過，由於人類具有感受與當下情境無關訊息——無論是關於過去或著眼未來——的能力，且我們會以各種不同情感、行為或言詞回應此訊息，我們能從事物本身的專斷中解放，轉而臣服於自己所創造出的表徵。

莎賓娜幼時，用所有積蓄買了那只昂貴花瓶，藉以表現善意與融入接待家庭的意願。然而，事情發展常是如此，養母對事物作出與她截然不同的詮釋，先是因為那些不起眼的花怒火中燒，隨後不知是不是刻意地，又將莎賓娜送的花瓶解釋為犯罪武器。打破花瓶扔進水溝的同時，莎賓娜既感到哀傷，卻又鬆了口氣。然而，只有當完整事件進展告一段落，物品的意義方才顯現：「因為你的花瓶（因為你），我差點殺了我丈夫。」

上述案例說明了，一個受創者會因為不堪承受，並被諸多訊息淹沒，以致無法回應混亂的世界。始料未及的猛烈攻擊代表著與死亡的擦身，小題大做的後果，使世界不再清晰可判。該如何做出反應？

敘事，猶如一盞霧燈

如何將一個難以承受的事件從個人抽離出來

創傷尚未被賦予意義之前，我們會被眾多相互矛盾的訊息弄得暈頭轉向，因而處在驚愕、遲鈍、愚笨的狀態，遲遲無法作出判斷。然而，對於周遭向我們傳遞訊息的事物，我們自然而然地會賦予各種意義，因此，我們手上握有一樣工具，得以驅散創傷帶來的朦朧霧氣，那就是：敘事（récit，英譯：narrative）。

在此情況下，敘事成為一種建構意義的工作。然而，並非所有故事都能輕易地被公開談論，如果有些人難以接受某個故事，我們就得為他們做適度改編。透過以下兩個步驟，能在敘事中改寫所發生的事：將自己由事件中抽離，並為事件加上時間軸。一定要有人傾聽，但傾聽者必須保持靜默，有時，這位見證者僅是受傷者自己的想像，他向虛擬的傾聽者傾訴，就好像在自我敘說。對那些精神受創者而言，敘說的行為讓他感覺「每個事件似乎自己在講故事」。[15]記憶中的畫面閃過，有些字句浮現周圍，評論、進一步說明，有時略微遲疑，然後畫面又重新顯現，並加上了不同解釋。慢慢地，透過這個方法，敘事將事件從個人抽離，讓我們將刻骨銘心的事件歸於往日：「只有這樣，過往的、不存在的、逝去的一切才能重返當下的生活世界，藉由文字或畫面浮現，也透過重新詮釋而再現。」[16]

然而，這項使我們能夠掌控內在世界的話語建構能力，必須等到七至十歲才形成。在這個年齡之前，我們受情境掌控。就如同，孩子可能在眼眶仍盈滿淚水時，突然爆笑開來；或是，前一刻剛因某個小挫折而沮喪的孩子，下一刻又在看到蝴蝶翩翩飛舞時感到極度幸福。小孩難以回答「你今天做了什麼？」這個問題，因為要回答這問題必須能夠重現時光。小孩是先描述了外在事件，隨後才建構出內心世界。

大約在七到十歲時，與自己相關的談話都是一連串試圖回答「在別人眼中，我是誰？」的陳述。話語很早就受到性別認同影響：「我是女生。我叫西勒薇。我有一頭金色的短髮。」[17]女孩傾向使用「喜歡」這個動詞，例如：「我喜歡瑪德蓮。我喜歡我的洋裝。我喜歡我眼睛的顏色。」男孩則偏愛包含「是」或「有」的陳述句：「我很高。我足球很厲害。我有一台很帥的腳踏車。」

年紀越輕，就越常使用肯定句。只有隨著時間推沿，模糊地帶才漸漸浮現，也開始有了疑慮。女孩越來越重視他人眼光，男孩則越來越常論及階級標記。研究顯示，性別極早就影響語言，但未能說明男女語言差異的原因。

依據年齡、性別與情感、文化環境所作出自發性的自我表徵（self-representation）更動，見證了自我意象的改變，同時也可以說明為什麼自我修復一直都是可能的：因為整體敘事可以影響並改變我們的自我認知。相較於平日話語，說故事更須精心安排，而且較不落窠臼，必須要重新鋪排記憶中的事件，以企圖建構一種呈現在親友、社會文化以及或真實或虛擬的他者面前的自我表徵。

一個人如果因為年紀太輕、因家庭環境噤聲，或是因遭受意外、疾病損及腦部而不能重現時間，進而無法進行前述的工作時，自我修復便較為困難。但是，只要我們還能調整對自己的詮釋，只要精神或社會的現實面仍能讓我們進行此項工作，自我修復就仍有可能。因為，自我修復不過是在精神危機後重拾某種成長方式。

15 參見馬杭（L. Marin），《表徵》（*De la représentation*, Paris, Seuil, 1994, p.169）。
16 同上。
17 參見唯歐（J.-L. Viaux），〈如何談論自己〉（Comment parler de soi），收錄於佩宏（R. Perron）主編，《自我表徵》（*Les Représentations de soi*, Toulouse, Privat, 1991, p.49-53）。

意義來自時光回溯，使我們可以回顧自身及過去。這個限制說明了為什麼有些人對於修復力量有異常的信心，滿懷希望；另一些人則屈服於不幸，並視之為命運。以此概念出發，命運是不容挑戰的，因其使用了同義疊說（tautologicale，英譯：tautological）邏輯：「他死了，因為他應該要死。」這個論點使人無可反駁，因為預言裡提及的結果，被呈現得彷彿有其意義。[18] 這必然的事實更加鼓舞了用此邏輯思考的人，並限制其想法：「所以，他讀醫科，是因為他有那樣的父母，當時別無選擇。」「他娶了一名嚴肅的女子為妻，您知道的，這都是因為他不穩定的童年。」中世紀時，人們認為一個人的肉體衰敗，是因為他擁有墮落的靈魂；現在，我們聲稱他是因為某種致命驅力而殺害了妻子。這種回顧過往帶來的幻象使宿命論信徒感受到充分一致性。意義，如同口號般一再被複誦，便有了鎮定人心的功效，並消除了罪惡感：「我沒有其他選擇，是潛藏在內心的一股力量迫使我這麼做的……這是命中註定的……不是我的錯。」命運的追隨者樂於臣服在這股控制著我們的模糊力量下，對他們而言，最終結果驗證了最初的預言：「我早說過他以為已經癒合的創傷總有一天會再度覺醒。」命運展現了對我們的全盤掌控，猶如盤踞內心的一股不知名的邪惡力量牽引著我們，也像難以察覺的強大精神雜音，在不知不覺中操弄著我們。

講求確定性的文化時常會賦予偶發事件某種等而下之的意義。近日，一位猶太教士在耶路撒冷說道：「死於奧許維茲的猶太人肯定犯下些十惡不赦的罪，才會受到上帝如此嚴厲的懲罰。」美國的電視講道者曾將二〇〇一年發生的九一一攻擊事件原因解釋為「紐約客的罪行與奢靡」。嚴重的後果絕非憑空造成，而是重大原因所導致。信仰狂熱者這般思考方式，使其對每一條教義深信不疑，讓受害者或加害者、受難者或劊子手全都受到難以抗拒的力量所控制，該力量解釋了悲劇發生的原因。對於未受創傷的人來說，向命運屈服使其感到安心，幫助他避免不確定性所帶來的焦慮。而對於在戰爭中犯下罪行的人，命運則免除了他們的罪惡感，他們會說：「我只是執行上級命令。」在盧安達，當初指認同學、使他們被處

18 參見德侯（P.de Roo），《命運機制》（*Mécaniques du destin*, Paris, Calmann-Lévy, 2001, p.19）。

死或斬斷前臂的那些少女，如今嘆息著說：「那不是我，是撒旦控制了我。」艾迪．汪宜（Édith Uwanyiligira）回憶：「逃亡途中，所有人一語不發，即使受到侮辱亦然。去到每個地方，總聽到：『圖西族（編案：中非地區的盧安達和蒲隆地三大族群之一，長期和胡圖族處於對立）來了……他們真臭，應該要殺了這些人，徹底除掉他們。』就連年幼的小學生都向我們投擲石塊並叫道：『圖西人！蟑螂！』」[19]種族大屠殺使得倖存者身心狀態都受到極大損害，以致其他人不忍觀之，看了便打從心底感到厭惡。之所以變成這樣，被屠殺者犯下的罪行肯定罪大惡極！這是用結果解釋原因，並將集體惡行合理化。

不同的意識形態，對於受創者靈魂深處已結痂的傷口，會有不同的描述。某些人就認為，在創傷童年的縫隙底層，隱藏著一個怪物，總有一天會伺機出現。受虐兒童有一天也會變成施虐的父母，他們會對施虐者發展出愛慕之情，而蟄居心底的惡魔將使他們犯下暴行。當我們將受到暴力傷害的人賦予純粹的「受害者」面貌時，我們自然地會想像施暴者與受暴者之間存在著緊密連結。既然是受害者，理當與加害者關係親近，這個邏輯使施暴者與受暴者似乎成為一體：「如果受害，肯定是她自己引起的，她多少要負些責任……」，受害者是可疑的，她們如此接近死亡，所以已受到啟蒙，成為加害者的一份子……她們曾被加害者緊擁在懷中，所以不應該信任她們。他們應該要像中世紀一樣，一起裝袋丟進河裡。暴力事件中主動與被動雙方的親密感覺，自然而然地導出下列推論：所有受害者都應該對其內心的「惡」感到羞愧，因為「這些惡行帶來的可悲教訓，將會在受害者靈魂裡留下墮落的毒苗」。[20]那些直至今日仍認為心靈受創兒童靈魂深處隱藏邪惡力量，且終有一日詛咒將再度顯現的人，與十九世紀法庭上說出這句使人震驚的話的人想法如出一轍：「受害者令人作嘔！」

此類線性思考推展至極致，即為厄運崇尚思想，主張所有傷害皆會傳遞好幾個世代，同時，某個家族祕密就會導致孫兒輩的精神異常。因為，心靈創傷會造就父母的特殊人格，並影響孩子。這個傳遞下來的陰影可能造成心理障礙，卻也可能是一個十分耐人尋味的謎題。

19 參見哈茲費德（J. Hatzfeld），《在生命的赤裸之中》（*Dans le nu de la vie*, Récits du marais rwandais, Paris, Seuil, 2000, p.161）。

20 出自〈法庭軼事〉（La Gazette des tribunaux, 11-12 janvier 1892），參見維伽雷羅（G. Vigarello），《性侵犯的歷史》（*Histoire du viol*, Paris, Seuil, 1998, p.231）。

情感結合

受創的靈魂如何相遇、結合與傳遞

自我修復僅關注重新縫合創傷撕裂缺口的方法。但是，若要想自我修復，描述自身故事時的視角，必須使每一次的相遇都是一種生存選擇。賦予生命一種「並非必然如此」的意義，證實了內在自由的能力，使得上千種情節都可能成真，而諸多遲疑、運氣與焦慮也伴隨著每個選擇而來。以此種方式思考的人，在充滿不確定性的世界中感到自在，他們在其中可以恣意「體驗生命」。[21] 這個微小的自由猶如一種工藝，其間，每個動作、言語都可以改變那個引領著我們的現實，並將自我修復建構為不屈服於命運的武器。

與配偶的結合絕對是一項重大的人生抉擇。每個生命都有所缺陷，都必須帶著自己的過去、夢想與建構意義的方式跛行前進。但他的伴侶也僅能猜想另一半所受的傷，以及粗略描繪共同未來。面對另一半的內心世界，每個人必須妥協、成長、讓自己有安全感、結盟，有時甚至與之戰鬥。這個情感與歷史的結合，成了孩子誕生時的感官氣泡。一系列手勢、叫聲、笑聲、動作及言語將形塑他的早期發展，直到他也邁入青春期為止。

本書將探討下列問題：

※受傷的靈魂如何相遇？

※伴侶關係可以促進自我修復抑或惡化創傷？

※有自我修復能力的父母會傳遞什麼給孩子？

21 出自〈勇敢的大德蘭〉（*Sainte Thérèse d'Avila*），參見前引《命運機制》（*Mécaniques du destin*）。

第三章

當相遇即是重逢

仙女與蚯蚓

當自我表徵面臨檢視與轉化

漫長的青春期有可能是良好成長的象徵嗎？

隨著周遭引導成長的方式不同，孩童對自己感覺良好與否的程度也不同。忽然，有一天，這世界帶給了他從沒經歷過的感覺。在這之前，他知道女生跟男生是不同的，女人跟男人也是不同的，而母親這一類女人跟其他女人也有所差異。然而，最近幾個月來，這些關於性的概念有了不同情感意涵。一夕之間，女性的軀體帶給青少年未曾經歷過的、愉悅卻又焦躁的感受。女孩也以全新眼光看待男孩，希望能吸引他們注意。也不過是幾個星期前，她們還訕笑著這些男孩呢。

這個如此受到異性強烈觸動的全新感受，要歸因於青春期的荷爾蒙分泌。性荷爾蒙使得青少年對於之前不具特殊意義的某類訊息變得特別敏感。生理上的改變宣告著青春期來臨，但是卻不能解釋青少年時期的現象。青春期的少年，突然感覺到對另一方身體的奇妙慾望。

於是，他必須運用當時具備的所有社交技巧、情感表達方式，還有之前學會的愛人方式，來接近擁有那個身體的人，並以一種笨拙的方式與他們建立連結。青春期並不必然危機四伏，但是總會帶來情感走向的轉變。

一個受到對方吸引，並期待展開一段獨特關係的青少年，免不了自問：「他（她）會接受我嗎？」透過這個問題，他也重新檢視孩提時期在內心形塑出的自我表徵。透過視覺的表徵：「像我這樣的身材，沒有男人會想要我的。」也透過語言的表徵：「因為我飽受虐待的童年遭遇，他（她）肯定會拒絕我。」

我們期待著初戀，而內心對另一方的想像，也已根據之前建構的自我意象描繪出來：「女孩就像讓我內心騷動的仙女。如此美好的生物，怎麼可能會愛上像蚯蚓一樣微不足道的我？」另一個人卻可能這樣想：「女孩就是脆弱的小東西，因為我比較強壯勇猛，所以可以對她們恣意妄為。」不管是什麼情況，投入一段感情之前的準備，必須運用到童年時期所得到的自我表徵。過去記憶會被用於這個全新活動，例如：「我的父母是怎樣的人？我之前是好學生嗎？我擅長贏得友誼嗎？我是悲傷的人？聰明的人？」進行生命中最冒險的兩個抉擇——愛情與社會生活時，自我形象是我們最重要的資源。

自我表徵成為一種信仰，決定了我們面對事物的態度。「我的成績糟透了，我好笨，我之後就選一個適合蠢蛋的行業吧。」這麼想的人，已經朝著苦澀人生邁進，一步步實踐自己所構築的自我形象、過去，以及未來。因此，一再經歷情感喪失並且牢記這段回憶的青少年，將會傾向於擔憂自己未來的感情生活。他期待愛情卻又不抱希望，他夢想能有一個女孩帶給他情感上的安全感，不計任何代價！同樣地，一個經歷悲慘童年並為之所苦的女孩，會盡一切努力讓自己不再嚐到飢餓的滋味，並被這股強烈的欲望所驅使。因此，青春期是生命歷程的中繼站，在這個時期，我們的人生方向取決於對自己的認知。青春期也是一段敏感期（sensitive period）[1]，我們或多或少會以正向的方式，去運用成長過程中得到的才智、經驗或是情感資源。然而，這同時也是一場押上了未來的賭博，並且得以隨著當時遇到的人群或環境重新調整自我形象。

1 「敏感期（période sensible）：生命中某一段時期，生物在此期間特別易於習得某些能力。在成長發育期，某些來自周遭環境的影響，會留下比發生於其他時期同等、甚至更強烈的經驗，還要穩固而深遠的感受。」參見（K. Immelman），《動物行為學辭典》（*Dictionnaire de l'éthologie, Bruxelles*, Mardaga, 1990）。

青春期：生命危險的轉彎

離開安全感基礎，學會另一種愛的方式

「敏感期」並不意味著「病態時期」。即使在艱困的生存環境中，也只有不到百分之二的孩童感到憂鬱。一個小男孩，就算父母經濟或健康狀況不佳，他還是能夠從這樣的環境中擷取出與友伴共度的時光、足球練習以及學校課業等足以讓他感到快樂的片段。青少年必須改變他的依附關係，脫離親情連結，以投入另一種既帶著情感也帶著性慾的關係。但即使在正常情況下，這麼做依然是冒了極大的風險。因為，他如果想要轉變並繼續成長，就得離開他的安全感基礎。這時候，憂鬱的青少年比例便提高到百分之十。其他百分之九十沒有生病的青少年，也不盡然能安穩度日。孩子們強烈的各種情緒以及激烈的表達方式衝擊著父母，在百分之三十至四十的案例中，這給親子雙方帶來衝突。[2] 這是一段敏感期，但不是災難

2 莫里康加斯（K. R. Merikangas）、安格斯（J. Angst），〈青少年時期憂鬱症的挑戰〉（*The challenge of depressive disorders in adolescence*），收錄於路特（M. Rutter）主編《青少年社會心理困擾：預防的挑戰》（*Psychosocial Disturbances in Young People : Challenges for Prevention*, Cambridge, Cambridge University Press, 1995, p.131-165）。

期。當周遭提供他一個可以緩解情緒並投身生涯規劃的可能，這段情感關係就能有所轉變。

對青春期的孩子來說，家庭衝突並不影響他們對父母的情感。這個年紀激烈的表達方式解釋了各項明顯互相矛盾的統計結果。問卷顯示，百分之八十的青少年愛著他們的父母，然而同時也有百分之五十的家庭經歷家庭風暴。如果父母擁有安全型依附關係（詳76頁編輯補充一：淺談依附理論與內在運作模式），他們不會加深對立，而是安撫孩子，並等待他再次展現情感。相反地，如果父母因為自己的成長經歷而投注過多心力在子女身上，他們就會對於孩子表現出來的強烈反應感到受傷，並自覺在父母的身分上顏面盡失：「我放棄了充滿挑戰性的工作，就為了讓你高中時不用轉學。這就是我得到的回報！」如此一來，尋常的爭執轉變為痛苦的關係。

青春期時，敏感的情感變化依性別而有所不同。某天，我坐上往返於杜倫和雷薩布勒之間的交通船，周圍是一群年輕人，有男孩有女孩，十分活潑好動。「我負責照顧十三歲的孩子。」其中一位領隊說道。女孩們的身高看起來比男孩高出一倍，她們全力展現自己身上初初顯露的女性特質，個個一副性感甜心的裝扮：低胸上衣、突出、高聳的胸部、肚臍環、超短迷你裙、指甲、眼睛、嘴唇、髮型，每一個可以突顯性感的部分都悉心打扮。對女孩們來說，這些舉動並不是一種性暗示，而比較像是驕傲地展現出轉變為女人的特點。在這些大女孩身旁，男孩顯得弱勢。他們還沒長出鬍鬚，肌膚清爽、單純可愛，讓大女孩像母親一樣照顧自己。這些女孩會用雙臂環抱著他們，取笑著他們做的蠢事，然後，男孩突然朝女孩腹部揮拳，女孩則笨手笨腳地擺出毫無作用的戰鬥姿勢，兩方又重歸於好。當十三歲女孩身旁那群男孩正要經歷青春期轉變時，她卻早已在兩、三年前就邁入青春期了。由於青春期生理、情感以及思想上的成熟度是形塑社會定位的關鍵，因此，對這個年齡的兩性而言，這樣的差距影響深遠。然而，我們也觀察到同一時期性情上的反轉。昔日那些憂鬱的、受女孩支配的小男孩，在短短幾個月間變得開朗自信，有時甚至有些過了頭。另一方面，相對於男孩，青春期前的女孩原本較少表現出沮喪，現在卻變得膽小畏縮、對自己不太有信心，也多了些焦慮。她們常常必須尋求成人的肯定，而這一特點，也讓她們比較容易適應各種文化形態。[3]換言之，因為年齡與性別的不同，相同情境會帶來的心理影響也各異。男孩容易因為父母離

3 參見彼德森（A. C. Petersen）、康巴（B. E. Compas）、布魯克甘恩（J. Brooks-Gunn）、史丹勒（M. Stemmler）、思艾（S. Ey）、葛蘭（K. E. Grant），〈青少年憂鬱情緒〉（Depression in adolescence），收錄於《美國心理學家》（*American Psychologist*, 1993, 48, p.155-158）。

異受到較大的打擊，並在缺乏父親的情況下面臨認同困難。他們尋求冒險，將之視為某種儀式性的考驗。相較之下，女孩的生理與心理層面都已進一步發展，較能夠承受父母離異。只是，單獨與母親在一起時，她們卻會覺得受到束縛。這些青少女有時會以為，若能及早懷孕為人母，就能找回生命自主權。在魁北克，二分之一的十六歲少女已有性經驗（相較於同齡青少年的四分之一）。而這些年輕女孩中，約有百分之五會懷孕。4

由此可見，性關係的投入受多種力量綜合主導，諸如：年齡、兩性在生理上不同的成熟度、兩性相遇時所身處的家庭與社會環境、年輕個體的個人經歷，以及在發生性行為前，他所描繪的自我形象。來自貧窮家庭、在侷限的空間中成長的男孩，通常傾向不看重學校課業，如果社會環境提供他一個勞力工作機會，他就會選擇這樣的工作。另一方面，感覺被孤貧母親所束縛的女孩，則會以提早懷孕來彌補她在學校課業與情感關係上的挫敗。這些生理、歷史、家庭、社會資料的集合，描繪出一群青少年男女，儘管成長過程並沒有創傷經歷，成長路上仍得面臨沉重挑戰。心理創傷的青少年一樣受到各種力量的支配，只是這些力量是作用在一個破碎的人格上。

像這樣將各種來源的資料綜合納入分析的推論方式，與認為一個原因只會帶來某個單一影響的線性推論是不同的。我們在難過時較容易使用線性推論，希望藉此找出解決方法。絕對性的解釋方式雖能使我們立刻放鬆下來，揭開某部分實情，但也讓我們對其他導致痛苦的根源視而不見。單一因素是無法充份解釋某個情形的成因的。

4 參見安鮑（B. Ambuel），〈青少女意外懷孕與墮胎：爭取富同情心的社會政策方向〉（Adolescents unintended pregnancy and abortion: the struggle for a compassionate social policy current directions），收錄於《心理科學》（*Psychological Science*, 1995, 4, p.1-5）。

【編輯補充一】
explanatory note

淺談依附理論與內在運作模式

「依附」（attachment）指的是個體為了得到安全感而尋求親近另一人的心理傾向，而「依附理論」（attachment theory）則嘗試探討，當個體與依附對象分離，或是在關係中受傷、受威脅時，會如何做出回應。根據依附理論，幼童須至少與一名主要照顧者（通常是母親）發展出依附關係，否則將造成心理與社交功能的不健全。

「依附」的概念最早由英國精神分析學家約翰・鮑比（John Bowlby）提出，而其學生安思沃（Mary Ainsworth）透過觀察孩童與母親分離時的反應，將孩子與母親的依附分成下列四種類型：

1. 安全型依附（secure attachment）

這樣的小孩當媽媽在身邊的時候，可以自在地探索環境、和陌生人互動，當媽媽離開時可能顯得苦惱，甚至哭泣，但當媽媽回來時，他很快地靠近媽媽尋求安慰，並平靜下來。

2.焦慮—矛盾型依附（anxious-resistant insecure attachment，或稱抵抗型依附）

這樣的小孩即使媽媽就在身旁，在探索環境和與陌生人互動時仍感焦慮。當媽媽離開時，孩子會非常沮喪；但當媽媽回到身旁時，孩子又變得很矛盾，想親近卻充滿憤怒，抗拒媽媽的懷抱。

3.焦慮—迴避型依附（anxious-avoidant insecure attachment，或稱逃避型依附）

這樣的小孩會迴避、忽視媽媽的存在，媽媽在時不去注意；媽媽離開也不顯露緊張；媽媽回來時非但不表高興，反而生氣。他面對陌生人與環境一樣冷漠，沒有表現出探索的興趣或焦慮。

4.紊亂型依附（disorganized/disoriented attachment）

這樣的小孩沒有固定的反應方式。會依據環境的回應來表現抵抗或迴避。媽媽離開可能令他驚慌失措，但卻不知怎麼辦；媽媽回來時亦然。

一般認為，孩子的依附型態與母親的照顧方式有很大關係，安全型依附的孩子通常有個稱職的媽媽；抵抗型與逃避型的孩子，通常媽媽對其需求較不敏感；紊亂型依附的孩子，則有可能來自暴力或病態家庭。

一個與依附類型相關的概念是「內在運作模式」（internal working model），它指的是一個人對世界、重要他人與自我的內在心理表徵（representation，指將外在的物理的、客觀的事件加以內化而變成抽象的、主觀的心理印象），簡言之，是一個人理解周遭世界的方式。內在運作模式在嬰兒時期奠基，如果此時期與主要照顧者間擁有具安全感的依附關係，能為孩子立下向外探索、忍受分離、並對自己感到信任的基礎，反之，孩子則可能覺得自己不值得被愛，未來顯得較退縮。

依附理論認為，孩童時期與母親的依附類型，會影響孩子日後的人際狀況，以及長大後與伴侶的親密關係模式。一個在孩提時期沒能享有安全型依附的人，是否能在成年後建立具安全感的親密關係，就涉及了他內在運作模式是否有機會改變了。這是本書稍後章節探討的主題。

我們體驗到的世界，就是我們預想的樣貌

我們看見的，是自己先前所習得的

受傷的孩子邁入青春期時，受到荷爾蒙分泌及亂倫禁忌（編案：指文化裡禁止親屬間發生性行為的任何規範）影響，無可避免地開啟一種情感轉化，讓他用自己獨特的方法體驗世界。童年時期的創傷事件，讓他們對特定訊息尤其敏感。比起其他孩子，在戰亂國家成長的孩子更容易察覺到關門時發出的聲響或是汽車發動聲。一旦聽到這些聲音訊號，他們的反應是立刻躲進桌底，再爬出來時也絲毫不覺得這行為有何丟臉或可笑之處。在他們的認知裡，這只是求生反應。因為在戰爭中的國家長大，他們學會優先注意這一類聲音訊息，而這些聲音也只對他們有意義。就算到了一個沒有戰爭的國家，這些銘刻腦海的印記（signifer，編案：「signifer」為語言學與現象學裡「能指」的概念），依然會激發出他們相同的反應。只是，鑽入桌底的動作已經不合時宜，因而使人發笑。

上述這個常常被觀察到的行為讓我們理解到，我們對於當下刺激的反應，清楚說明了

過往經歷。[5] 初生嬰兒是「對當下四周現實環境的因子做出回應」[6]，但是，一旦到了五個月大，他便開始針對在短暫生命經驗裡所建構出的心理模式做回應，此即「內在運作模式」（modèle opératoire interne，MOI，英譯：internal working model，詳76頁編輯補充一：淺談依附理論與內在運作模式）。他非常早就學著從周遭擷取某種優先訊號形式，而在此階段，這個形式由母親傳遞的感官訊號構成。一旦這個形式寫入記憶，便會在孩子內心產生某種自我意識。如果母親虐待嬰兒，或是粗暴地擺弄他，這個孩子將會學習敏銳地察覺預告粗魯行為的種種動作、聲音和手勢。當覺察到一個細微的動作暗示時，他會感覺不自在，並透過一些反應呈現出他內心逐漸滋長的陰鬱情緒，例如：退縮[7]、避開眼神接觸、哀傷的表現等等。

在孩子的內心世界裡，自我模式與他人模式同時成形，之後，受虐的小孩會持續回應這些習得的意象。他抗拒改變，並難以內化有機會改變他內在模式的新體驗，除非到了青春期，這時無可避免的情感轉變創造了「所有在兒童期習得的負面意象都可以改變」[8]的契機。這是生命的轉捩點[9]，在這個敏感期，情緒是如此鮮明強烈，因此只要環境賦予機會，生物記憶有能力學習另一種形態的情感模式。因此，缺乏愛的人可以在成年時，學習他先前情感上被剝奪的安全感，因為「在原生家庭外所建立的關係可以改變先前習得的依附模式。」[10]

布呂諾從沒意識到自己有多髒。他七歲時就由協會安置在農場工作。農家讓他睡在屋外，和一個較「年長」的十四歲男孩一起睡在穀倉裡的乾草堆上。他們被指派的工作是從井裡汲水、生火，並看管羊群。每天行走在糞便堆中、晚上則睡在穀倉的生活，短短幾個月內就讓這兩個男孩全身上下跟衣服一樣都覆滿深黑色的污垢。某個星期日，一位女士邀請布呂

---

5 參見鮑比（J. Bowlby），《依附與失落》（*Attachment and Loss*, vol. 1, New York, Basic Books, 1969）。

6 參見米科維奇（R. Miljkovitch），〈與表徵相應的依附〉（L'attachement au niveau des représentation），收錄於N. 哥德內（N. Guedeney）、A. 哥德內（A. Guedeney），《依附關係——概念與實踐》（*L'Attachement. Concepts et applications*, Paris, Masson, 2002, p.27-28）。

7 參見A. 哥德內（A. Guedeney），〈從幼兒早期持續的退縮反應到憂鬱症〉（De la réaction précoce et durable de retrait à la dépression chez le jeune enfant），收錄於《兒童與青少年的神經精神學》（Neuropsychiatrie de l'enfant et de l'adolescent, 1999, 47（1-2）, p.63-71）。

8 參見埃格蘭（B. Egeland）、法柏（E. Farber），〈母嬰依附：與隨著時間發展和改變相關的因素〉（Infant-mother attachment: factors related to its development and changes over time），收錄於《兒童發展》（Child Development, 1984, 55, p.753-771）。

9 參見勒貢（J. Lecomte），《從童年中解放》（*Guérir de son enfance*, Paris, Odile Jacob, 2004, p.42）。

10 參見瑞克（M. H. Ricks），〈父母行為的社會傳遞：跨代依附〉（The social transmission of parental behavior: attachment across generations），收錄於《兒童發展研究協會專論》，（*Monographs of the Society for Research in Child Development*, 1985, 50（1-2）, p.227）。

諾到她家，在一棟「真正的房子」裡度過一天，接受類似接待家庭的照料。[11] 只是，當這個好心的婦女想給男孩洗個澡時，她情不自禁蹙眉，露出嫌惡表情。生平第一次，布呂諾覺得自己骯髒，同時，一個受輕蔑的他人模式形成了，在那當下，這個念頭彷彿在他腦中閃過：「從這些善良大人的眼裏，我發現自己很髒。」從那一天起，他只有在和同為社會底層的孩子相處時才感覺自在。在他們身旁時，他不覺得自己髒。他盡量避開那些好心的成年人，因為他們的眼神使他蒙上一層污垢。透過這樣的適應方式，布呂諾使自己置身於阻礙自我修復的社會環境中。

11 目前由卡特琳・安袠莉（Catherine Enjolet）創建的協會Parrain par mille，提供給環境較困難的孩子這類情感支援。協會地址：25, rue Mouffetard, 75005 Paris。

被迫以不同方式去愛

青春期提供一個利於情感轉變的時機

在一個穩定的環境中，如果一切都不變動，如果刻板印象告訴人們「協會安置的孩子只可能成為粗魯骯髒的農工」，孩子就無法改變。不管是在社會上，或是在人們眼中，若一切都是固定不變的，另一種人際關係模式便很難被學會。

不論我們願不願意，青春期提供一個利於情感轉變的時機。荷爾蒙的作用使神經系統有另一次發展機會，因此也是生物重新學習[12]的機會。亂倫禁忌強迫青少年離開父母，嘗試建

12 佩科夫（R. L. Paikoff）、布魯克（S. Brook）、甘恩（J. Gunn），〈生理歷程：他們在過渡到青春期時扮演甚麼角色?〉（Physiological processes: what role do they play during the transition to adolescence?），收錄於蒙特馬約（R. Montemayor）、亞當（G. R. Adams），《過渡時期?》（A Transitional Period ?, Newbury Park, CA, Sage, 1990, p.63-81）。

立新的情感連結，以免除亂倫焦慮。13 這個重新成長的機會，跟所有其他改變一樣，可能會帶來進步，也可能帶來失敗。這是個我們能夠得到充分發展的時期，但同時也是在生命歷程中最容易感受到突如其來的焦慮的一段時間。

要瞭解如何掌控這段新的敏感期，我們必須記得，那些在思考與探索外在世界的過程中，能夠獲得最多快樂的孩子，都是習得安全型依附的孩子。青少年時期的孩子會重新喚醒早期習得的這個能力，以和諧地脫離原生家庭，嘗試建立新的連結。

假設青少年總數是一百人，我們會觀察到其中六十六人在兒童期表現出平穩的依附關係。然而，他們之中有十五人會在這個生命的轉折點落敗，變得壓抑、焦慮。弔詭的是，正是他們過於安全的成長環境掩蓋了漸漸出現的焦慮，並且阻礙了他們去面對問題。毫無疑問地，情感過剩與情感匱乏一樣，都會對發展帶來傷害。

相反地，當我們定期追蹤那三十四位，在孩童時期表現出缺乏安全感的依附型態（逃避型、抵抗型或紊亂型）的青少年，我們很驚訝地發現，其中十位，這時已發展出安全感。這些有所轉變的青少年，和男女朋友或是摯友建立了先前父母無法給予的情感安全基礎。14

上述這些青少年中，有一半將自己的轉變歸功於偶然的相遇，而另一半則認為成長來自於自己對於這般關係的渴求。這兩種顯著不同的看法，都可以解釋為是荷爾蒙分泌影響了青春期少年的內在世界，讓他們對一些原先麻木無感的訊息變得異常敏感。男孩體內雄性荷爾蒙的大量分泌，讓他們突然變得缺乏耐心、衝動行事，同時對挫折採取激烈反應。另一方面，女孩體內雌性荷爾蒙分泌較為和緩，但是不穩定，則讓她們有時採取較激烈的言辭，有時則相反地非常溫柔。[15]

不論如何，敏感期讓我們檢視自身能力，以準備迎向新的挑戰。這時的年輕人會回顧過去，向自己述說本身的經歷，或是向內心的法官交代過去，這會幫助他更加瞭解自己是誰，以及往後的生命方向。如此一來，就會導向形式邏輯的思考方式，一種推論式的邏輯，透

---

13 參見哈卡米爾（P.C. Racamier），《亂倫與亂倫焦慮》（*L'Inceste et l'incestuel*, Paris, Collège de psychanalyse groupale et familiale, 1995）：「（……）無關情色的亂倫印記，不必然以生殖器形式呈現」試圖穿上母親的內衣或是樂於突擊覆母的情色遊戲都會在孩子心中帶來亂倫感。

14 參見費曼（H. Freeman），〈向誰求助：後青春期對於父母與同儕作為依附對象認知的個體差異〉（Who do you turn to : individual differences in late adolescence perception of parents and peers as attachment figures, thèse, University of Wisconsin, 1997），收錄於阿特熱（F. Atger），《依附與青春期》（*Attachement et adolescence*, Paris, Masson, 2002, p.127-135）。

15 參見畢（H. Bee）、鮑依（D. Boyd），《發展心理學——生命中各個年齡》（*Psychologie du développement, Les âges de la vie*, Bruxelles, De Boeck Université, 2003, p.297-299）。

過將各種散亂的資訊組合起來，賦予世界一致性。這個時期的青少年渴望家庭以外的人際交流，依居住區域或周遭社會提供的機會不同，他有可能較容易遇到慣於惹是生非的朋友，或是相反地，交到較融入社會的朋友。但是，這些機會的降臨亦非全然被動，因為青少年會在自己周遭尋找他所嚮往的人或事。

青春期是自我修復的契機

在這一百位我們持續追蹤到青春期的孩童中，有五位童年時期缺乏安全感的青少年，始終處於痛苦狀態，並在青春期徹底潰敗，被過多必須面對的問題所淹沒。

也就是說，從觀察這一百位孩童過程中，我們看到六十六位擁有安全感的孩子裡，只有五十位會度過愉快的青春期。而其他三十四位一開始處境較困難的孩子裡，有十位可以在這時找回快樂。另一方面，其餘十六位一開始情況較好的孩子，會和那二十四位早期無法得到足夠安全感的孩子一樣，經歷難熬的青春期。[16]不過，這些處境困難的青少年之中有三十個人，仍有可能在過了辛苦的幾年之後，經由成長的力量穩定下來，重新找回較輕鬆、愉快的生活模式，因而得到某種自然的自我修復。最後，其中仍會有十個青少年將面臨重大的心理與社會上的困難。這一小部分人，卻成了西方社會對青春期的刻板印象。

十人以悲劇收場，三十人經歷艱難時期，而有六十人擁有幸福的青春期。由此可見這段時期與一般文化上，強調困境、危險階段的青春期刻板印象相去甚遠。[17] 上述刻板印象僅突顯了部分事實，進而導致過度地以偏概全。然而，一千四百萬（編案：法國青少年人口數）青少年人口的百分之十，意味著仍有高達一百四十萬名青少年深陷苦境。

正因為一般而言，青春期是情感轉變的時期，同時，每個青少年運用自己過去所習得的能力邁向未來，因此，這正是進行自我修復、發展心理韌性的良好契機。曾遭受創傷的人，可以藉此重新踏上具建設性的生命旅程。

青少年已習得的情感模式以及他對創傷所賦予的意義，都是這時所擁有的心理資源，用

16 參見弗萊明（J. E. Fleming），〈社群中兒童與青少年憂鬱症患病率——安大略省兒童保健研究〉（Prevalence of childhood and adolescent depression in the community, Ontario child health study），收錄於《英國精神病學雜誌》（*British Journal of Psychiatry*, 1989, 15, p.647-654）。

17 參見杰梅（P.Jeammet），〈青春期憂鬱性補償不全的風險與預防〉（Les risques de décompensation dépressive à l'adolescence et la démarche préventive），收錄於堤契（C. de Tichey），《憂鬱防治》（*La Prévention des dépressions*, Paris, L'Harmattan, 2004）。

以幻想像自己的未來，並回應這些想像。[18] 巧的是，擁有安全感的青少年明顯有更多朋友，第一次性行為的年齡較晚（十七．五歲），同時性伴侶也較少（二至三個）。[19] 其他的青少年，例如：害怕顯露自己情緒的（逃避型依附）、因為焦慮而傾向傷害自己所愛之人的（抵抗型依附），只有在將所愛的人囚禁在身邊才感到放心的（焦慮型依附），或是一直處於痛苦狀態的（紊亂型依附），他們都因為情感關係上的困難而沒什麼朋友。由於期待填補匱乏的情感關係，他們會義無反顧投入不受克制的性關係。也就是在這一群年輕人中，我們看到不經思考衝動冒險的男孩、未婚懷孕的年輕女孩、性病、多重性伴侶（七位性伴侶，針對十二到十八歲的年輕人所作調查），並對使他受到傷害的事件不停地追尋。這些事件幫助他建構自我認同，也藉此讓他們終於在舞台上找到一席之地，但是幾乎每次都會在童年的創傷上再新增一道傷口。較晚來臨、出乎意料瞬間爆發的性關係，則常在逃避型青少年身上看見，他們在壓抑的面具下深鎖著內心風暴。不過，也是在這群有著依附困難的人身上，我們觀察到最多的情感轉變，並在往後的人生旅程上展開自我修復。[20]

18 出自米科維奇（R. Miljkovitch），〈童年期的依附關係和精神病理〉（Attachement et psychopathologie durant l'enfance），參見前引N. 哥德內（N. Guedeney）、A. 哥德內（A. Guedeney），《依附關係——概念與實踐》（*L'Attachement. Concepts et applications*, Paris, Masson, 2002, p.121-125）。

19 參見艾倫（J. P.Allen）、蘭德（D. J. Land），〈青春期的依附關係〉（Attachment in adolescence），收錄於凱希迪（J. Cassidy）、紹唯（P.Shauer）主編，《依附理論指南：理論、研究及臨床意義》（*Handbook of Attachment : Theory, Research and Clinical Implications*, New York, Guilford Press, 1999, p.595-624）。

20 參見西呂尼克（B. Cyrulnik），〈從依附到冒險〉（De l'attachement à la prise de risque），收錄於維尼斯（J.-L. Venisse）、貝理（D. Bailly）、黑諾（M. Reynaud）合編，《成癮行為、冒險行為：關聯與預防？》（*Conduites addictives, conduites à risques : quels liens, quelle prévention ?*, Paris, Masson, 2002, p.75-81）。

帶來好運的孩子和超乎常人的人

早期情感印記是自我修復的火種

現今全世界共有一億兩千萬棄兒流落街頭，沒有家庭也沒有教育支援。除此之外，還得加上情感上受到忽略的孩子和蹺家兒童。後者從家裡逃離，在街上流浪，因為比起住在他們的好父母那舒適卻缺少靈魂的房子裡，在街頭能得到更多生命與情感體驗。[21] 絕大多數這樣的孩子會與社會格格不入，並遭遇成長障礙，然而在這一大群孩子裡，也有超過百分之三十能夠持續進行修復性的成長，只要他們有匱乏的情感體系能夠與另一個（不論是個人或團體的）情感體系連結。

即使是從外表就看得見的生理虐待，我們都難以察覺，因此想發現情感上的剝奪更是難上加難。要注意到一件不足以構成大事的事件談何容易？受傷的人，往往也沒有意識到自己的創傷。[22] 它不是身體上的疼痛，也不是凌辱，甚至不是會令人痛徹心扉地失去了什麼。正因為無法被真正意識到，這種緩慢的、潛藏的變化反而造成更嚴重的傷害。毆打、強姦、戰爭或是關係破裂，都可以讓我們明確指出時間點，並描繪出傷害的樣貌。然而，情感剝奪所代表的卻是漸漸冷卻的世界、一點一滴失去光亮、持續卻不被察覺地抹除情感痕跡。

當情感匱乏的孩子帶著這樣的潛藏缺陷到了開始戀愛的年紀，那湧出的慾望在未完全癒合的傷口邊緣拉扯著，讓她倍感焦慮。她有可能在初次經歷愛情時就潰敗。另一方面，那些藉由愛情邂逅而得以開始展開修復性轉變的孩子，在此之前則已經歷過建設性防衛機制。

一如我們在每間孤兒院裡都會看到的「帶來好運的孩子」，身陷悲傷的他們，卻為我們帶來笑容；懷抱痛苦的他們，卻寫下詩句偷偷送給我們；遭到遺棄的他們，串起自己周遭的小朋友，盡全力幫助他們編織社交網絡。這些建設性防衛機制，幫助他們在毀滅的世界中維繫情感連結。得益於他們內心的防衛機制，這些憂傷的孩子得以為自己留住一方美麗綠洲。幻想的庇護，為這些絕望的孩子帶來幾個小時夢寐以求的快樂，像是和某個隱密的小幸福有

---

21 參見西呂尼克，收錄於維西尼（M. Versini）主編，〈街童〉（Les enfants des rues〉，聯合國教科文組織研討會二〇〇二年一月二十五日。

22 參見華德納（J.Waldner），〈機構安置〉（Le placement en institution），收錄於（J.-P.Pourtois）主編，《兒童創傷》（*Blessure d'enfant, Louvain*, DeBoeck Université, 1995, p.253）。

約：「我要趕快接著昨晚做的夢繼續下去。」他們替未來的生活預想了許多瘋狂計劃，好讓自己可以承受現實生活中的哀傷和那索然無味的日子。因為渴望瞭解，讓他們賦予外在世界面貌。他們努力不讓自己與這個世界的連結中斷，他們希望看見它、分析它，進而在之後，「等我長大的時候」，掌控它。這份好奇與心態讓他們保有連結關係，避免陷入近在咫尺的憂鬱危機。他們利用創造力將苦痛轉化為展出的畫作、述說的文章、演出的短劇，也就創造了一個吸引注意力的空間，而孤兒院的其他孩子會到那裡取暖。

這些帶來好運、吸引友愛的孩子並非擁有超乎常人的能力，絕非如此。只是，在創傷事件發生前，他們已經從周遭得到一些印記，在記憶中形成自我修復的火種[23]，就好像在自己腦海中說著：「我覺得我可以得到愛，因為我知道自己曾經被愛過。」創傷和希望的火苗在記憶中並存，也成為他們投入戀愛時的自我表徵。

艾琳跟我說：「我曾經對於自己沒有父母感到很羞恥。所以，當有男孩接近我的時候，我總是滿口謊言。我捏造出完美的父母，而且常常提到他們。我說的這些謊話對我很有幫助。我說自己被要繳的電話費帳單嚇壞了，好讓別人以為我有很多朋友。我夢想擁有很棒的父母：爸爸是公務員、媽媽是家庭主婦。然而，當有男孩對我說『我愛你』的時候，我回他：『你在尋我開心』，然後反擊回去。」

23 印記理論請參閱西呂尼克，《情感關係的徵兆背後》（*Sous le signe du lien*, Paris, Hachette, 1989）；《情感食糧》（Les Nourritures affectives, Paris, Odile Jacob, 1991）；《頑皮小鴨》（*Les Vilains Petits Canards*, Paris, Odile Jacob, 2001）；以及多雷（F.-Y. Doré），《學習：一種心理行為學》（*L'Apprentissage, une approche psycho-éthologique*, Paris-Québec, Maloine, 1983）。

為什麼離開所愛的人

保有喜悅，避免愛的焦慮

相同地，布呂諾也對自己的內在形象做出回應，只是他以男性語言進行思考：「在性慾出現之前，我就已經受到女生吸引。我不知道為什麼會這樣，那時，我總是想起十歲時發生的一件事。我偷拿了一個十四歲男孩的東西，於是他在孤兒院的院子裡追著我跑，最後朝我臉上用力揍了一拳，我傻住了。一個女孩跑了過來，用手臂環住我的脖子，說了一些安慰的話。我常常在腦海裡回顧這個場景。」

生活裡成千上萬的事件、東西、動作、話語等等，幾乎全數都會被淡忘，漸漸融入我們周遭的環境，在不知情的情況下影響著我們。有時候，某個場景突然出現在我們的意識中，其中，一個戲劇性的動作造成了某種結果，然後這個場景便以回憶的型態留存下來。布呂諾之所以不斷在腦中播放這個場景，是因為這個場景對他而言，意味著女性可以帶來情感。女性擁有填補情感匱乏的能力，她們可以重新找回消逝的愛的痕跡，並使它起死回生。因此，在突然湧現的慾望讓他在意起與女生的相處之前，布呂諾一直都是女生的普通玩伴，但現在他的行為模式改變了：「我太需要愛，以至於在接近女孩時，心情忐忑不安，幾乎被嚇壞了。女孩對我來說太重要了，所以覺得說出『今天天氣很好……』這樣的開場白實在很蠢。要跟女生說話，就該說一些更酷的事，可是，我不知道要說什麼。我只要一靠近女生，就開始貶低自己，覺得自己糟透了。你真沒用……結果，我越是愛她，就越是感覺自己差勁。為了減輕痛苦，我離開她。整個過程讓我充滿沮喪。」

年輕男孩感受到的愛人困難，源於他之前習得缺乏安全感的情感模式。這樣的自我表徵毫無意外地導向諸如下列的人生道路：「我只有在墓地或是葬禮上才覺得自己幸福。我很同情別人承受的痛苦。與他們為伍時，我不再覺得自己不正常。」跟我說上面那段話的女士，也提及她當初如何對未婚夫一見傾心：「我立刻就愛上他了，因為他是我見過最悲傷的人。」然後，她試著合理解釋自己的選擇，談到他的浪漫、溫柔，並補充道：「十足陰鬱的人不會讓我感到害怕。相反地，我總想傷害那些開朗快樂的男人。」

情感匱乏孩子的傷心過往，會讓他們在情感世界過分投入。愛的意義對他們來說非同小可，沉重到讓他們對異性產生恐懼。一位缺乏愛的少年這麼說：「我一墜入情網就渾身不自在。」他接著解釋：「我害怕女人，結果到頭來發現自己孤身一人，充滿絕望。」這樣的男孩往往不敢接近心中渴望的女孩。單身狀態對兩性代表了不同意義。對一個因為青春期的到來而使過去所受的傷更加嚴重的男孩來說，單身意味著情感上的挫敗、絕望，還有孤獨。對一個原來只是想和男人談心，最後卻上了那個男人床的女孩來說，單身則是一種情感的不穩定狀態，一種由違背本意的性關係帶來的反擊行為。

最終，男孩成了痛苦的單身漢，而女孩則常走向情感上不穩定、具攻擊性的狀態，這其實是一系列適應機制的結果。情感匱乏的男孩，雖然想要去愛女孩，卻會避開她們；而缺乏情感安全感的女孩則會反擊那些利用她們的男人。

逃避，無助自我修復

逃避是一種退縮的適應方式，無法幫助自我修復，因為這種回應方式僅是不停重蹈覆轍，而沒有改變。然而，這個情感弱點仍是可塑的。有好幾年的時間，這些情感匱乏的孩子常會被安置在好幾個不同機構，並且在其中建立各種不同的情感模式。隨著遇到的不同的大人，他們可能備受疼愛、遭到否定、被稱許、忽略、虐待或讚揚。有些孩子會重複用相同的，或許是渴愛的，或許是冷淡的情感模式去應對，但是大部分孩子都會根據關係不同而改變表達方式。如此多變化的能力證明了，當新的環境提供情感上的穩定性，讓我們有時間去改變時，我們還是可以學習如何去愛。

如果社會提供穩定的文化機構（例如學習場所、可以結交朋友或分享夢想的聚會中心等）給這些受傷的青少年，我們可以看到，大部分在依附關係上曾受傷害的孩子都慢慢地有了安全感，也願意讓自己被異性馴服。在政治或藝術計畫相關的社團中，保持單身的傾向也較不明顯；情感匱乏的人較容易投入利他性活動，而非獨處。我們同樣可以發現到，情感上的脆弱雖然曾讓他們在與異性接觸時感到痛苦，卻也因此變成穩定的因素，就好像這些青少年在腦海裡對自己說：「我經歷這麼多困難才和一個人在一起，我願意為了持續這種愛的方式付出昂貴代價，因為我覺得自己慢慢地在進步。」在度過艱難的磨合期之後，這樣的一對伴侶可能比其他一般伴侶更能維繫關係。[24] 受傷的青少年因為在兩人交往後有了成長，也會接受自己被另一半影響。反之，未曾受傷、人格較為穩定、有自信的青少年，對於相同的愛情約束，則會感覺是對他個人完整性的侵犯，拒絕付出這樣不合理的代價。

24 參見鮑曼（D. Bauman），《被遺忘者的回憶》（*La Mémoire des oubliés*, Paris, Albin Michel, 1988, p.205-206）。

情感受創者的人生走向是無法預測的，因為他們心靈深處所感受到的、必經的情感變化，會因為所遇到的伴侶不同，而將他們引導到截然不同的方向。有些人，會讓他們重新修復被創傷阻斷的發展；另一些人，則會讓他們把傷口劃得更深。這些「渴愛者」在童年創傷中習得某種情感模式，但在青春期，這個情感轉變的敏感期，他們有機會改變，也可能潰敗。他們有可能變得衝動、愛惹是生非，但是也有可能變成品德高尚的人。[25]

25 參見樂梅（M. Lemay），〈青春期的性困難〉（Les difficultés sexuelles de l'adolescence），收錄於《精神病學期刊》（Psychiatries 6, No 64, 1984, p.57-64）；以及〈主要匱乏以及產後憂鬱症危險因子〉（Carences primaires et facteurs de risque de dépression postnatale maternelle），收錄於前引提契（C. de Tichey），《憂鬱防治》（*La Prévention des dépressions*）。

意義展現的曙光因性別而異

談青春期兩性的不對等

兩性的不對等在青春期再明顯不過，因為「懷孕可能會被視為正常的成長『危機』（crise，英譯：crisis）。[26] 懷孕後，女孩變成和母親具有一樣身分的人，變成丈夫的配偶，也變成自己孩子的母親。」這時，她會感受到自己的女性身體以及狀態面臨了考驗：「我的身體有能力孕育孩子嗎？我會成為跟我的母親一樣的母親嗎？我可以倚賴我的丈夫嗎？」除了上述問題，從最近這一、兩個世代開始，還必須加上：「整個社會體系會利用這個關鍵時

26 參見瓦倫斯坦（A. F. Valenstein），〈由女孩蛻變為女人：孕期自我意象改變的特徵〉（Une filles devient femme : la caractère unique du changement de l'image de soi pendant la grossesse），收錄於安東尼（E. J. Anthony）、齊蘭（C. Chiland），《兒童過渡期的精神疾病預防》（*Prévention en psychiatrie de l'enfant en un temps de transition*, Paris, PUF, 1984 p.135）。

刻將我的角色限制在母親身分上嗎？還是會讓我繼續追求自我成就？」所有愛的形式都受到懷孕的挑戰：童年期習得的依附關係、青春期的情感轉變，以及是否還能保有一點愛自己的權利，或是必須為了家庭犧牲奉獻自己。

在男性身上也可以套用相同推論模式，只是他們的實質投入無法與女人相提並論。當母親想著她正在孕育的孩子，而感覺到身體內有兩個人時，男性則在想像要如何為家庭付出、或是……逃避，相對來說，他比較覺得自己還是一個人。大多數的家庭暴力都是從女生懷孕開始的，因為男人以為女人準備要打造出一個情感牢籠，而他們嚇壞了：「她要利用懷孕來控制我。她假裝奉獻自己好掌控一切。」害怕受到主宰的焦慮引起激烈反抗，然後滿心愧疚的男人又努力尋求原諒，把他方才強烈維護的權力又重新交給妻子[27]，不利修復的重蹈覆轍過程因而產生。

這個敏感期也可能引領向另一條不同的道路。很多彷徨、缺乏認同的青少年，因為身處不良的交友圈，與其他吸毒者、小混混或是對未來沒有責任感的人來往，而在人生中載沉載浮，走向災難。然而，一旦成為父親，這些人卻能重新展開自我修復的旅程，因為世界對他們有了新的意義：「之前不論什麼工作都讓我提不起勁，我那時覺得只有傻瓜才會甘心受騙上當。現在，我很幸福，為這個孩子工作讓我的努力別具意義。他需要我。我現在知道自己每天早上為誰起身打拼。」這個孩子對年輕男子而言，就像是碎石工人腦海裡的大教堂（見第二章）。

這些研究引出以下觀點：如果我們讓一個受傷的青少年獨自與創傷共處，他極可能重複不利於自我修復的行為。但是，我們可以善加利用這段由性慾或懷孕的情感轉變而創造出的敏感時期，來幫助青少年轉而走上自我修復的道路。每一百個受創傷的青少年中，有二十八人會在青春期「自動」獲得改善。[28] 這個看似自然產生的改變，其實與某位在性、愛或文化層面上對他們有影響力的人的建設性邂逅有關。因為特別留意這些自我修復因素，有些社會團體、機構顯著提升了得到改善的青少年比例，甚至達百分之六十。[29]

即使在人生轉彎的青春期被引導上正確道路，我們還是可能自問，自我修復的成效持久

27 出自思維斯特（M. Silvestre），〈伴侶病理學〉（Pathologie des couples），土倫大學課程，二〇〇四年一月十七日。

28 參見維納（E. Werner）、史密斯（S. Smith），《脆弱卻不敗》（*Vulnerable but Invincible*, New York, Mc Graw Hill, 1982）。

29 參見卡西亞（C. Garcia）、雷薩（L. M. Reza）、維拉葛（A. Villagran），〈增進兒童與青少年自我修復能力以及遺棄和虐待〉（Promoción de resiliencia en niñas y jóvenes con antecedents de abandono y maltrato, Aldea Infantile SOS, Tijuana（Mexico）, 2003）。

嗎？然後，我們可以答道，以人類而言，沒有任何影響是永久的：我們可以「染上」感冒、對病毒免疫，然後，隔年再度生病；我們可以創造財富，然後又變得一無所有；我們可以經過精神分析治療得到進步，但是幾年後又躺回治療室的長沙發對抗另一個問題。大部分人類的決定性因素，不過是把我們引導向某個生命軌道、某個情感模式的傾向，讓我們擁有愉快或痛苦的生命旅程。在生命中的每個階段，都會出現不同的生命泉源：在童年的依附關係之後，出現青春期的性慾望；然後，更晚一些，成年之後，賦予意義的年齡到來，終於讓我們瞭解為何自己如此地去愛、工作和受苦。每一次的改變，都必須得嘗試，因為永恆不變並不存在，除非偏見阻礙了心理、現實與社會間永不止息的交流。這種衝突並不是最近才出現的。好幾千年以來，我們就都認為社會階級是由自然法則所決定。富有、健康的人佔據金字塔最頂端位置，因為他們擁有比較優越的素質。人們當時是這麼說的。

這些孩子不值得在獄中得到水或麵包

文化論述可能阻礙自我修復

二次世界大戰前，法蘭絲瓦茲・朵爾托（Francoise Dolto）是率先斷言孩子在學會說話前，就已經懂得很多事的人之一。從一九四六年起，珍妮・奧布瑞（Jenny Aubry）開始照顧一些被「安置」在聖文森醫院受扶助兒童部門的不幸孩子。他們的母親或許是結核病患者、罪犯、離了婚，或是非常貧困。在那個憲政主義盛行的年代，人類個體被視為一個個或健康或孱弱的軀體。護士被要求梳洗這些孩子、給他們食物，但是必須避免建立任何情感連結。在這樣的文化環境下，很難去想像依附關係。這些身體健康，但是情感上因為此種社會共識而蒙受損害的孩子，「……發出低吟或尖叫，而從沒看過自己的模樣。有些孩子長時間靜止不動，有些不斷搖擺，還有一些則會去舔拭床邊的圍籬。」[30]二十年後，大量的動物行

30 參見盧迪內斯庫（E. Roudinesco），前言，收錄於珍妮・布瑞（Jenny Aubry），《與雙親分離兒童的精神分析》（*Psychanalyse des enfants séparés*, Paris, Denoël, 2003, p.26）。

為學實驗說明了情感是生命多麼重要的一部分，那是由環繞著孩子的手勢、叫聲、動作以及話語所構成的感官元素，是一種愛的滋養，若被剝奪，孩子會為此沮喪。[31] 也因此「……與家人分離或是缺乏母親照顧的孩子，會出現嚴重程度不一的病徵。」[32] 瑞內・史皮哲針對長期住院孩童（hospitalisme，英譯：hospitalism）、約翰・鮑比針對與母親分離的孩子、唐諾・溫尼考特（Donald Winnicott）針對情感匱乏，以及安娜・佛洛伊德和朵洛斯・博靈漢（Dorothy Burlingham）針對孤兒與無家小孩的諸多研究，現今都已成為所有醫學院與心理學院的授課教材。「沒有什麼是天註定的」，精神分析學家、動物行為學家、及推動自我修復研究的珍妮・奧布瑞當時就已經這麼說。她曾與安娜・佛洛伊德會面，也曾與約翰・鮑比共事。[33]

一開始，專家們必須說服眾多行政官員與政治人物，向他們說明若不去照顧這群情感創傷的孩子，將使得他們邁向罪惡或某種孤獨。隨後，社會文化又忽然過度接納了這個理論，而使得情感匱乏成了一切問題的解答。五十年後，某些固定論的支持者依然認為，這些有著不幸童年，並在心中留下傷痕的孩子，終會走向命中注定的道路。這麼想的人，與諸多政治人物想法一致，認為：「這些孩子不值得我們在獄中為他們提供水或麵包。」[34]

要證明這麼多年後才看得到的結果與某個成因之間的關聯性相當困難，但如果我們不採取任何行動，很顯然地，與受到關愛的孩子相比，一群棄兒中會有更多問題青少年。然而，犯罪行為到底是根源於情感匱乏，還是來自這些棄兒近乎災難性的社會化過程？精神分析學家麥克·路特（Michael Rutter）決定追蹤一群情感匱乏孩童的成長歷程。這些孩子的父母因為精神疾病而無力照顧他們。他們被剝奪了情感，但是由於他們家庭得到的社會協助，因此未與社會脫離，之後也沒有成為問題少年。[35]然而，父母所受苦難劇烈地改變了他們的情感模式，因而使得他們在成長上遭遇較多困難。有些人雖成功克服了，但是所採取的策略卻帶來嚴重後患。

「比起被母親毆打，失去愛對我來說更為痛苦。」卡洛塔對我說。「她對我毫不關心的

31 參見前引西呂尼克（B. Cyrulnik），《情感關係的徵兆背後》（*Sous le signe du lien*）一書中的實驗總結。

32 參見 布瑞（J. Aubry），〈母親照顧的匱乏〉（La carence de soins maternels），同上，p.26-28。

33 參見鮑比（J. Bowlby），〈發展心理學將臨〉（L'avènement de la psychiatrie de développementale a sonné），收錄於《改變期刊》（*Devenir*, vol. 4, No 4, 1992, p.21）。

34 出自瑪莉羅斯，莫羅（Marie-Rose Moro）在南美洲接受一位家庭部閣員接待，針對街童所提出的見解。

35 參見路特（M. Rutter），〈親子分離，對兒童的心理影響〉（La séparation parents-enfants, les effets psychologiques sur les enfants），收錄於《兒童精神病學》（*Psychiatrie de l'enfant*, 1974, XVII, 2, p.479-514）。

態度，讓我在這個世界彷若獨自一人。我甚至無法學會怎麼穿著或梳理頭髮，因為她從不給我任何意見。」在她絕望的情感世界中，還有一顆星星在黑夜閃耀。「我本來想要多愛我父親一些。他已準備接受愛，只是他不在身旁。有一天，我為了得到關愛，謊稱自己肚子痛。父親擔心是闌尾炎。看他惴惴不安，我覺得很幸福。我最後接受了手術。我知道不是闌尾炎。我當時八歲。而現在，我得要用這種方式來讓別人愛我，這使我感到焦慮。」

少了星星的星座

學習生活，以使另一顆星星閃耀

在一個由情感所構成的星座裡，當最主要的那顆星星熄滅時，就像前述個案中的母親不關心孩子，孩子會牢牢抓住任何一顆仍然閃耀的星星，但是，也會因此學到某種特殊的情感模式。

虐待，有明確的行為標準讓人易於想像，至少在我們的社會中是如此。然而，如果創傷是潛伏型的，它所造成的情感困難並不會比較輕微。阿嘉特說：「我當時會不停搖擺，直到頭暈為止。我不能讓自己喜歡保姆，因為我的母親會因此吃醋。她在家時非常溫柔，一到了保姆家就變得冷酷無情，這同時讓我瞭解到喜歡這個保姆如同犯下滔天大錯。一直到弟弟也被送來保姆家，我才停止搖晃身體的行為。他跟我說：『我們會一直在一起，然後我們會結婚。』」阿嘉特面臨艱難抉擇，她必須剝奪自己的情感，以免背叛母親，她的世界也因此破碎。雖然母親和保姆都愛著阿嘉特，但仍造成「主觀上」的情感缺乏，這源於母親的心理狀態：她無法接受自己的女兒愛另一個女人。幸運地，在這個世界裡的兩顆星星都熄滅的時候，弟弟填滿了她的內心世界，因而引導她踏上自我修復。這個情感的親近，解釋了為什麼雙胞胎較一般人不容易自殺，以及為什麼有伴侶的人較單身的人易於克服生命中的考驗。

重要的是情感的存在。即使只是默默存在，依然有效。這也是為什麼有這麼多情感匱乏的孩子如此重視寵物。「是我的狗讓我重新振作起來。我不開心時就會想起牠。我會跟牠說上好幾個小時的話。」柔艾當時已結婚五年，但是狗，這個熟悉的存在，已像一道印記深深刻畫在她的記憶中。她說：「每一次的悲傷，都是因為在牠身旁，讓我能安撫自己情緒。愛一隻狗比愛一個丈夫簡單。」事實上，因為她將這份情感看得極為重要，以致於有一點點小差錯就會引起她失去這隻狗的焦慮。當她對狗傳達出情感需求時，牠總是會回應她。

「『我的孩子！』一位老先生彎身從桌子上方探出頭來，並這麼叫他。奧利維被這個聲音嚇了一大跳。我們可以體諒他的反應，因為老先生說出這幾個字時帶著滿滿的善意，而不常聽見的這幾個字讓人感到害怕。他開始劇烈顫抖並且淚流滿面。」[36]狄更斯以此闡明了：未曾經歷過的善意可能使人害怕！我們完全不能以線性邏輯推論，不能因為看到情感匱乏造成諸多嚴重問題，就立刻想當然爾地作出結論，認為只要給這些孩子大量的愛，就能消除他們的痛苦。《孤雛淚》傳達了我們不一樣的概念。而我所經驗到的是：生命微妙之處讓我們看到，在十九世紀的英國，一位缺乏情感連結、每日在鞋油工廠工作十小時的不幸孩子，在接收到一個不習慣、但實則極端渴望的情感訊號時，所感受到的卻是巨大的絕望。卡洛塔補充說明這個概念：「一有人愛我，我就對這份情感視若珍寶、渴望滿足他們，因此過度憂慮自己會讓他們失望。所以，我拒絕那些愛我的人。如果人們不接受我，我就不會焦慮，也讓我比較容易死去。」在她日常的談話中，她常跟我說，愛使她感到焦慮，缺乏愛則使她免於焦慮地……向死亡流動。

當有一個男人愛她的時候，她變得對他咄咄逼人，然後，她對於自己給對方帶來的痛苦感到沮喪。她不懂自己為什麼對曾經忽視、虐待她的母親如此體貼，但是卻讓一心想愛她的男人飽受委屈。她不愛母親，而且深愛這個男人，但是，因為從未學會掌控自己的感情，她不知道如何給予他一種在情感上可被接受的愛的形式。她對母親的體貼，不過是一種讓對手除去武裝的策略，而她對喜歡的男人的粗暴言行，也只不過是因為愛而產生的焦慮反應。

許多令人驚訝的舉動，其實都是童年時期潛移默化中習得情感模式的結果。尚．馬利

36 出自狄更斯（C. Dickens），《孤雛淚》〔*OliverTwist*（1838）, Paris, Gallimard, 1973, p.37〕。

寫道：「我看著她的軀體，實在是美極了……她在我耳邊呢喃：『噢！你呀，你就要帶給我高潮……』高潮，這個字嚇壞我了，我無法體會它的甜美……我落荒而逃，完全沒有想到她的失望。如果有一天再見到她，我會懇求她的原諒。」[37]有句話說「隨著時間累積學會生活」，簡短闡明了自我修復能力所帶給我們的希望。我們永遠都可以學習生活，甚至在死過之後重新學習。只有當生命不復存在、「到那時就太遲了」的時候，才真的太遲。[38]

37 參見（J.-M. Périer）（*Le Temps d'apprendre à vivre*, Paris, XO, 2004, p.92）。
38 參見（L. Aragon）（*Il n'y a pas d'amour heureux*, in La Diane française, Paris, Seghers, 1946）

過度溺愛的孩子，就像過度灌溉而腐爛的水果

再也沒有比完美父母更不完美的了

被過度寵愛的孩子有可能學會一種破壞性的愛人方法，並在青春期時透過不合邏輯的舉動表現出來。這種情感畸形有可能導因於缺乏關愛，但也有可能是因為過度溺愛。而且，只有好像在看影片似地從外部觀察一段親子關係時，才能察覺到是否溺愛過度。我們看到父母為孩子付出一切，無時無刻只想到孩子，給他許多禮物，並且依照他的娛樂與喜好來安排自己的生活。然而，若我們試著想像小孩所感受到的，不難理解到，在他的內心世界裡，被用這種方式寵愛其實是一種情感囚禁，會對他學習如何愛其他人造成防礙。我們不能將過度關愛看作過剩的愛，相反地，它是引起某種匱乏的囚牢。這種情感痲痹與棄兒所感受到的情感剝奪並沒有太大不同。前述的過多關愛造就一種貧乏，因為大量刺激引起感官上的單調乏味，進而痲痹靈魂、阻礙欲望。缺乏關愛使人絕望，並消滅生存意義；而情感牢籠則減弱、摧毀了探索的樂趣：「每次母親表現得體貼溫柔，我就把她趕出去，因為她愛我的方式讓我

窒息。」這種情感模式會阻滯日常生活的學習：「大家過度關愛我的時候，總讓我壓力倍增。一直到十四歲，母親還會幫我把肉切好。而祖母一直到我十九歲前都還是這麼做。青春期時，為了讓自己好過一些，我不得不反抗她們……我堅決表達自己意見，我反擊她們……現在，兩人都洩氣了，她們放開手：『這是你的人生』，這讓我從束縛中解脫，覺得輕鬆多了。」

受創傷的孩子夢想成為完美父母，給予孩子他們未曾享有的一切。然而他們不明白，再也沒有比完美父母更不完美的了。他們所犯下的錯誤、失敗，使孩子在感到憤怒的同時，也教導了他們正面迎戰的勇氣。父母的錯誤推動他們邁向自主：「既然母親弄錯了，現在，我得自己照顧自己。我父母對我的愛太過滿溢了。他們深愛著我。但是我情願他們愛我就好。我寧可不被呵護、偶爾被打屁股，那會讓我反抗。實際情況完全相反，每天的生活枯燥乏味，因為父母已經為我打理好一切。」

當一個孩子在缺乏關愛的環境裡活了下來，他便成為自己以外唯一的外部客體。因為兩者之間沒有相異性，所以沒有裡外之分，他在成長過程中只關注自己，愛另外一個人，對他而言意味著「面對陌生人的焦慮」。相反地，在過度關愛環境下長大的孩子，他也學會將自己視為世界中心，因為他不需要去探索他人的內在空間，在這個情況下，一樣不存在他者，於是也沒有主體。情感對他而言，意味著「來自熟人的牢籠」以及「對陌生人的漠不關心」。這種情感模式扼殺了欲望。

上述兩類明顯相反的情感僵局，卻皆源自於匱乏，因而讓我們開始思考，這些愛的方式教導了什麼給被如此愛著的孩子？無法接觸到情感的孩子最終總會增加自我中心的行為（搖晃、自殘、自慰）。他們學會適應情感剝奪，並且藉由變得漠不關心來減輕痛苦。然而，即使是沒有言語的單純存在，只要穩定到足以成為一種熟悉感，就能夠改善這些孩子的情感表達。他們開始受到感動、對他人敞開心房，有時甚至伴隨著劇烈盛怒或是強烈的焦慮型依附。[39]在投注極大心力經營與父母的替代者，還有之後和朋友、伴侶、以及自己孩子的關係同時，他們也得以展開本身的自我修復。

在過多關愛下成長的情感囚鳥因為不需要關注他人，一樣會變得自我中心。他們沒有明顯的創傷，沒有任何東西遭到破壞，因為他們什麼都還沒建造。這等同於創傷性潰敗，只

39 參見大衛（M. David），《從家庭安置的實踐到理論》（*Le Placement familial de la pratique à la théorie*, Paris, ESF, 1989, p.44）。

是缺乏真正的潰敗。當情感匱乏者說：「從來沒有人給過我什麼，但是，儘管如此，我還是成功讓自己有所成長」時，他們感到一種小小的勝利感，這也是自我修復的開始。然而，當被愛淹沒的孩子心想：「他們沒有讓我準備好面對人生……他們給了我全部，我什麼也沒做……」時，他們感覺到的是自我貶抑。於是，為了讓自己好過一些，只能傷害親近的人。自我我修復對他們來說十分困難，因為只有等到青少年期，他們才有能力辨識出這些對他們忠誠以待的侵略者。由於無從得知敵人是誰，他們較難以保衛自己，也只能透過與自己的對抗來建立自我。

成人寶寶弔詭的自由

我們有將自己與世隔絕的自由嗎？

情感匱乏所教給孩子的愛的方式，是可以隨著之後的邂逅而改變的；然而，情感囚禁在人際傾向上所帶來的潛移默化影響，就似乎更為深遠。過度依附子女的脆弱父母，造就了一群小大人，這些孩子為了適應這樣的父母，會透過扮演起自己父母的父母來支撐自己成長。[40]然而，用過多的關愛包圍孩子也是一種父母內心脆弱的徵兆，它會引導另一種成長形態，造就成人寶寶（nourrisson gleant，英譯：giant babies）。[41]當前的現代化社會，不論是

40 參見西呂尼克，《低語的鬼魂》（*Le Murmure des fantômes*, Paris, Odile Jacob, 2002, p.110-114）（J.-F. Legoff）（*L'Enfant, parent de ses parents*, Paris, L'Harmattan, 2000）。

41 參見帕格文（J. Plaquevent），《兒童首要權利》（*Le Premier Droit de l'enfant*, Paris, De Fallois, 1996, p.109-119）。

在科技或心理層面上，似乎都透過淡化父母典範的認同，並組成依附關係複雜、破碎的家庭與社會，促成了此類發展。科技的進步讓父母不必在辦公室工作，卻也促成短促、多變的依附關係，大大削減人與人的互動，使得成人無法在孩子的記憶中留下印記。這些成人寶寶，在社會層面、物質層面都獲得良好照顧，保有了迷人、渴望、被動及膽怯的特質，並在奶瓶帶來的喜悅與挫折帶來的惱怒間擺盪。上述情形與多元依附體系下的情形有所不同，後者所提供的持久人際連結足以在孩子記憶中發揮影響力，但在情感牢籠中，長久以來單一的人際連結癱瘓了孩子，將他與世界隔開，相對來說，反而是在情感沙漠中的孩子還偶而會接收到一些微小的溫暖痕跡。但無論如何，這兩種系統相當接近：對於情感樣品，孩子都只能東抓一些、西抓一些。

和所有匱乏一樣，當乍現的性慾驅使青少年與異性接觸時，他們會害怕自己變得依賴想愛他們的人。

約翰．鮑比是最先試著瞭解這個弔詭問題的人之一：這些「世界中心」的孩子，成長過程與情感匱乏的兒童一樣，到了戀愛年紀時會屈從於伴侶。這位英國心理分析家引用的是一份研究成果報告[42]，對象為二十六位極度焦慮而完全無法與母親分離的六歲兒童。有些成人將這種行為解釋成愛的證明：「我的天呀，這個小人兒多麼愛他媽媽呀！」另一些人則感到憂心：「老是黏在媽媽身邊……」這幾個情感依賴的孩子中，有六個來自穩定的家庭，媽媽「為孩子張羅好一切」。十四位則來自不穩定的家庭，孩子像乒乓球一樣，在媽媽、祖母、鄰居、朋友，還有專業保姆之間被丟來丟去。十四位孩子中，有十一位都因為時間因素，幾乎無法建立連結，而習得焦慮型依附。[43]全部的二十六位孩子中，則有十七位習得依賴型的愛人方式：六位是因為被令人窒息的愛包圍，而與他人隔絕（6/26）；另外十一位則因為成人總是將他們託付給父母的短暫替代者而使得孩子無法去愛（11/26），就如現今社會上常見運作模式。這群孩子因為未習得安全型依附，無法以不拋棄自我的方式愛人。研究者追蹤其成長過程直到青少年期，發現他們與朋友以及初戀情人都建立起相同的連結模式：「他太棒了，什麼都懂得比我多。我就只能追隨他。」這些膽怯的青少年，只能藉由臣服於一位朋友或情人之下，才能避免亂倫焦慮。為了離開原生家庭，他們以為自己在服從友伴時，就取

42 參見史坦勒（C. B. Stendler），〈幼童過度依賴之可能成因〉（Possible causes of overdependency in young children），收錄於《兒童心理學報》，（*Child Dev.*, 25, 1954, p.125-146）。

43 參見鮑比（J. Bowlby），《情感與失去》（*Attachement et perte, tome II, Séparation, angoisse et colère*, Paris, PUF, 1978, p.318-319）。

得了自主權。這些自我貶低的青少年如是想：「我只有在跟自己喜歡的人在一起時才感到安全，為了待在他（她）身邊，我要認同他的所有行為和價值觀。」每個「選擇」了這種奇怪自主權的青少年，都是童年期飽受害怕失去之苦的孩子[44]，他們的思考模式是：「只要服從，就可以待在我喜歡的他（她）身旁。我覺得很有安全感，而且我可以離開父母，卻不用經歷獨自一人身處情感荒漠的焦慮。」靠著服從而得到自由，就是成人寶寶的矛盾之處。這或許也可以解釋，為什麼這些在慷慨父母精心養育、關愛下長大的年輕人，會突然間做了奇怪抉擇，加入基本教義派宗教或極端黨派。他們信誓旦旦：「戴上面紗是我自己的決定」，就好像在說：「把自己關入牢籠是我的自由。」這些青少年中有一小部分曾經歷真正的分離、一而再地失去或是親人接二連三死亡。然而，大多數擁有的，是阻礙他們發展自我的親密童年。因此，他們擁抱神祕面紗或極端口號這類事物作為替代解方，讓自己得以踏入社會、抽離原生家庭，卻仍然留在一個相近的社會團體中。這些透過焦慮地緊抓不放而獲得安全感的青少年，只能採取極端選擇來與亂倫對抗：多虧了服從，對方永遠在他身邊。

在無意識裡害怕失去

情感匱乏者為了和想要愛他們的人維持關係，會因而選擇臣服於對方；而曾受到過度關愛的孩子，則為了從亂倫焦慮抽離，同時避免經歷對陌生人的焦慮，也會設法服從於原生家庭外的依附關係。

佛洛伊德在談及受溺愛的孩子時，曾論述提到：「如我們所知，有精神病癥的父母傾向毫無止盡地溺愛，但他們的愛卻喚醒了孩子精神疾病的潛在因子。」[45]在這樣的情況下，影響孩子的並非過度的父母關愛，而是在無意識（nonconscious）中所習得的對失去的焦慮。有某些東西在日常行為的潛伏現實中傳承，不論是由於死亡、疾病或分離帶來的真實失去，或是在前述兩種截然相反的情況下（情感匱乏或過度關愛）為了補償而過度投入情感，這個愛的模式的改變，都引起感官現實的匱乏。父母行為「如何」呈現，他們觸摸、微笑、吸引、排斥的方式等等，對於孩童成長的影響，都大於「為什麼」引起情感隔離或連結的真正原因。完全相反的「為什麼」可能會導致相同的「如何」：不論是「我很慚愧自己厭惡這個

44 參見J. 紐森（J. Newson）、E. 紐森（E. Newson），《城市社區中的四歲孩子》（*Four Years Old in an Urban Community*, Chicago, University of Chicago Press, 1968）。

45 參見佛洛伊德（S. Freud），《關於性理論的三篇論文》（*Trois Essais sur la théorie sexuelle*, Paris, Gallimard, 1987）。

孩子，所以我要盡全力照顧他」、「只有在照顧孩子時，我才覺得愉快」，或是「我要給他所有的一切，因為，我自己什麼都不曾得到過」，都構成相同的感官世界。在上面這些例子中，引導孩童成長的感官世界都已變質。

欲重啟這些被潛伏創傷所傷害的孩子的自我修復之門，我們不僅要在孩子身上下功夫，他身旁的人也同樣重要。必須讓母親得到安全感，讓她能夠藉由除了孩子以外的其他事物維持心安。通常，是丈夫必須介入，試著讓母親意識到，丈夫也是另一個存在身邊的人，並且必須要求丈夫協助參與日常家務，以豐富感知、打開情感牢籠。約翰．鮑比[46]寫道：「我們可以期待，如此一來不僅幫助了在不安下長大的成人，同時也避免相同情形延續至其他人。」

46 參見前引鮑比，《情感與失去》（*Attachement et perte*, tome II, p.323）。

孩子至上

遍及全球的祕密現象：挨打的父母

然而，如同現今世界各地所遭遇的狀況，當科技改變了文化，文化壓力建構家庭的方式已不同於往日。「家長」之死反轉了生命恩惠的償還概念，已經不再是孩子應該感激父母賜予生命，相反地，是孩子給這對父母帶來了生命意義；也不再是由父親宣布什麼不可以做，而是孩子。[47]僅僅由於孩子來到世上，他便禁止了雙親的分離，或者應該說是他要求父母要為了繼續在一起而努力。在兩個世代之前，婦女想要給丈夫生一個孩子，如今，她們卻是要給孩子找一個父親。家庭價值是圍繞著孩子而逐步建立的，這種「對兒童的熱愛」形塑了美國孩童的情感環境，也正開始在影響歐洲。這將造成過度自戀的成人寶寶：「他自此成為權

47 參見赫斯戴（F. Hurstel），〈家庭關係中常見的精神病理——孩子主體，父母客體？〉（Psychopathologie ordinaire du lien familial. Enfant sujet, parents objets ?），收錄於《心理學家期刊》（*Le Journal des psychologues*, no 213, janvier 2004, p.21）。

威」[48]、「這個孩子陷在無法離開父母的處境，被迫滿足於、甚至受困於沉重的負債關係，而無法面對、反抗他無可挑剔的父母，嘗試獨立自主。他只能藉由激烈的拒絕來展現自己的不同。」[49]如此強烈的行為有時會導致可怕結果，然而，它同時揭露出一種渴望幫孩子排除所有正常成長必經考驗的文化，它剝奪了孩子成功的喜悅，並且使得家庭陷入情感災難。接下來我想談談受到暴力對待的父母。

「十年前，我們驚訝地發現有些成年人任憑孩子對自己語出威脅或拳腳相向，當時這些見證備受其他研究者與社會大眾質疑。」[50]懷疑精神被那些眼裡只看得見公開刊載的事實的人奉為圭臬。我們的教育體系為擅於書寫的人提供較有利的升學機會，從而鼓勵人們以這種方式運用自己的才智。存在於現實中，卻不存在於這項現實的表徵裡的，這群優秀的學生都視而不見，因為他們只能看見自己已知的事物。曾到鬼門關走一回的人難以確切描述事情經過[51]；法國兒童學家米榭・孟修（Michel Manciaux）敘述了當時醫學院成員如何對於受虐兒的真實性提出質疑；許多精神分析重要學者皆認為亂倫僅僅是慾望所產生的幻影，在現實中並不存在，而社會工作者馬瑟琳・嘉柏（Marceline Gabel）及法官霍森（Rosensveig）則力抗此一看法。

在短短一個世代的時間內，父母受到家暴的案例成為遍及全球的現象。在美國，各個防治家庭暴力協會所接獲的求助電話中，有百分之二十五是遭到毆打的父母。在法國以及魁北克，這個驚人的比例不僅反映了現實狀況，更突顯觸及此問題的困難，因為受暴者雖然感覺需要對外求援，但是通常仍拒絕到警察局控告自己的親生孩子。首先指出這個問題的是日本人：「……青少年時期的男孩和女孩變得……難以掌控。」[52] 性情溫和的孩子、中規中矩的好學生，他們看似有著平穩情感模式，卻在某次微不足道的家庭衝突後，一夕間變得性情

48 參見馬歇利（D. Marcelli），《孩子，一家之主──幼兒的權威》（*L'Enfant, chef de famille. L'autorité de l'infantile*, Paris, Albin Michel, 2003, p.254-257）。

49 參見勒蘇（S. Lesourd），〈「童年熱愛」，主體誕生的障礙〉（La «passion de l'enfance» comme entrave posée à la naissance du sujet），收錄於《心理學家期刊》（*Le Journal des psychologues*, no 213, janvier 2004, p.22-25）。

50 參見J.-P.夏堤耶（J.-P.Chartier）、L. 夏堤耶（L. Chartier），《飽受折磨的父母》（*Les Parents martyrs, Toulouse*, Pravat, 1989）。

51 出自西呂尼克（B. Cyrulnik），〈失語者向失聰者陳述〉（Les muets parlent aux sourds），參見〈猶太人大屠殺的回憶〉（La mémoire de la Shoah），收錄於《新觀察家雜誌》（*Le Nouvel Observateur, numéro hors série*, janvier 2004）。

52 參見（Kiyoshi Ogura）（1980），〈日本孩童針對母親所表現的誘惑、共生與殘暴態度之轉換：新時代病徵？〉（Alternance de séduction, de symbiose et d'attitudes meurtrières des enfants japonais envers leur mère : syndrome d'une ère nouvelle ?）收錄於前引安東尼（E. J. Anthony）、齊蘭（C. Chiland），《兒童過渡期的精神疾病預防》（*Prévention en psychiatrie de l'enfant en un temps de transition*, p.319-325）。

暴烈。他毆打母親、索求奢侈的禮物，並強迫對方做一些象徵服從的舉動：「……拿東西給我吃時不要看著我……我從學校回來時跪著迎接我。」這種偏激的行為，與「突然退化至嬰兒時期、哭泣……要求改吃液態食物等行為」交替出現。日本逐日增多的成人寶寶案例，可以由社會文化上的激烈變動來解釋。這些變動改變了家庭結構，並過度關注孩童。孩子們在家裡被捧為珍寶，而又恐懼學校生活。新科技帶給婦女較多休閒以及權力……而丈夫為了賺更多錢，提供家人更豪華、舒適的生活，工作時數則比以往更長。[53]科技的革新與習慣的改變，在這些成人寶寶的周圍建立一種典範，使他忽略父親是為了他而工作，也讓他以為母親總是花時間在玩樂。

相同現象也出現在中國。從一胎化政策實施後的下一代身上，可以觀察到該政策影響了孩童的成長，使他們變成不快樂的家中霸王。在單單一個世代的時間內，男性過動兒的數量以驚人速度急劇增加，也使得周遭親人疲於奔命。孩童變得肥胖、有自殺傾向，並且因為缺乏人生目標而沮喪絕望。[54]

53 同上，p.323。
54 出自霍茲曼（M.-C. Holzman），聯合國兒童基金會日（Journées de l'UNICEF, Paris, 17 avril 1996）。

當愛賦予孩子無限權力

孩子將失去學習抑制的機會

通常，兄弟姊妹會在彼此間建立一些極為直接的方式，讓他們因而學會抑制表現自己的欲望。然而，獨生子女或是受到過度溺愛的孩子卻失去學習抑制的機會。[55] 當父親缺席、過世或是過度投入工作，而母親決定將自己的人生奉獻給這個長不大的孩子時，原本在生活中應該要教會孩子不要為所欲為的常規都蕩然無存了。行為成了立即的欲望滿足，而不再是為某個計畫的準備。吃飯、睡覺、玩樂、打架從此填滿這樣一個青少年的內心世界，他的周遭將抑制欲望的學習抹除。

當某個世代經歷大規模科技或社會變遷時，此現象便一再出現。我們目前無法得知確切

55　參見瓦爾（G. Wahl），《Epsylon》（*Epsylon*, Labos Boots-Darcour, no 4, 1989）。

數字，部分原因是定義上各有不同，然而整體而言，推估在美國大約有百分之五至十六的比例[56]，日本則有百分之四[57]，法國百分之零點六[58]。

當我們的研究團隊聚在一起比對各自散亂的觀察資料，最後整合了大約一百多位遭家中青少年施暴的父母。[59]在此研究中，我們不將受到有精神疾患子女毆打的父母納入，因為在這些子女心中，父親的形象是渾沌不明的。此外，也排除了受到成年子女虐待的年長父母，還有弒父、弒母者的案例，因為對後者來說，暴行已毫無可能再度重演。研究顯示，施暴青少年的男女比例旗鼓相當（女性百分之四十，男性百分之六十），不過格勒諾布爾地區的團隊則持不同看法[60]，他們的研究顯示青少年男性比例為女性的三倍。百分之六十的施暴青少年都成功通過高中會考，百分之五十曾接受高等教育，更有百分之五成為大學教授。在地獄般的幾年後，大部分施暴青少年都被送進學校宿舍、租賃套房或是在友人家中居住，遠離了自己原本的家庭。

在這些青少年中，被收養的孩子僅占極少數，而他們也經歷了與在親生家庭長大的施暴者相似的情感發展歷程。在他們成為那個並未意識到自身殘酷需求的青少年之前，幾乎全都是焦慮、循規蹈矩的孩子。「……在家中令人難以忍受，在外面卻討人喜歡……一直到在家中出現肢體暴力行為，而一旦父母加以處罰，他們就會怨訴受到虐待……」[61]由此可見，領養與否並非問題關鍵，而是出於焦慮而百依百順的孩子，他的成長過程決定了一切，並讓他在不自覺中變成蠻橫的青少年。

受虐的父母年紀都很大，幾乎全都擁有較高的社會地位，其中法律人士佔了驚人的比例

56 參見波森（M. J. Paulson）、貢博（R. H. Coombs）、藍斯唯（J. Landsverk），〈對父母拳腳相向的青年〉（Youth who physically assault their parents），收錄於范姆（J. Fam.），《暴力》（Violence, 1990, 5, 2, P.121-133）。

57 參見翁裘（S. Honjo）、瓦卡白亞希（S. Wakabayashi），〈日本家庭暴力：精神病學系數據彙編〉（Family violence in Japan : a compilation of data from the department of psychiatry），（引自次條參考書目，Nagoya, 1998）。

58 參見杜加斯（M. Dugas）、穆宏（M.-C. Mouren）、哈豐（O. Halfon），〈挨打的父母和他們的孩子〉（Les parents battus et leurs enfants），收錄於《兒童精神病學》（Psychiatrie de l'enfant, 1985, 28, p.185-220）。

59 參見西呂尼克（B. Cyrulnik）、阿拉穆達（A. Alameda）、黑蒙德（P.Reymondet），〈挨打的父母：從誘惑到屈服〉（Les parents battus : de la séduction à la soumission），收錄於德拉吉（M. Delage），《法語神經病學與精神病學研討會》（*congrès de neurologie et de psychiatrie de langue française*, Toulon, 14 juin 1996）。

60 參見羅宏（A. Laurent）、布夏拉（J. Boucharlat）、安席茲（A.-M. Anchisi），〈關於對父母施暴的青少年〉（A propos des adolescents qui agressent physiquement leurs parents, Annales médico-psychologiques, 1997, 155, no 1.）。

61 參見德拉諾（C. Delannoy），《領養風險：必須共同打造的生活》（*Au risqué de l'adoption. Une vie à construire ensemble*, Paris, La Découverte, 2004, p.88）。

（百分之三十），緊跟在後的是醫生以及心理學家（百分之二十）。近乎所有受虐父母教育程度都極高，並宣稱他們希望以民主方式養育子女。[62] 單親母親則佔百分之二十，這個比例已經相當高，但是在夏提耶協會（les Chartier）調查中，這個數字更高達百分之六十。比例多寡取決於蒐集資訊的地點：在私人診所，父母兩人較容易一同諮商，然而在問題青少年中心裡，較容易遇到孤獨的、在個人與社會環境中都身處絕望困境的母親。

62 參見凱地甘-賈唯（L. Keltikangas-Jarvinen），〈以母親歸因型態預測孩子攻擊行為〉（Attributional style of the mother as a predictor of aggressive behavior of the child），《攻擊行為》（Agress. Behav., 1990, vol. 1, p.1-7）。

苦澀的自由；三幕喜劇

家庭暴君與社會奴隸

英國兒童心理學家溫尼考特認為，女性在生下嬰孩初期，會經歷「頭一百日的愛之狂癲」。這段期間兩人互為俘虜，因為高度敏感，會迅速「影響對方」。這段時間過後，因為有父親或祖母等第三人在場，家庭制度遂得以防止兩人間形成情感囚禁。孩子漸長，托兒所、學校、社區等也跟著介入，到了青少年期，又加上大學生活或工作。一個「單親」媽媽，只要在她生活中有另一個男性、祖母、朋友或是機構，她就不會與外界隔絕。這樣的單親媽媽不會把自己和孩子關在牢籠裡，而這種單親家庭對孩童發展也無害處。

相反地，健全的雙親也可能構成缺乏社會儀式、沒有友善邀約及社會參與的封閉家庭，一如我們時常在有亂倫互動的家庭中所見。即使在沒有僭越行為時，像這樣身體與情感上的緊密關係創造出一種亂倫氣息，一種青少年試圖藉由恨或是肢體暴力擺脫的亂倫焦慮。

我們所接觸到的施暴青少年都不曾有機會體驗這個分離機制。在性慾開始萌芽的年齡，他們活在一個以不尋常的方式建構起來的世界，在這個世界裡，他們必須在始終保護著他們，終至令人生厭的家庭，與令他們害怕到焦慮而麻木的社會參與兩者間面臨艱難抉擇。文化上的刻板印象認為，受虐的孩子長大後會成為施虐的父母。恰恰相反，大部分這些過於放任、溺愛孩子的父母都曾是受虐兒（百分之五十八）。像這樣因為自身痛苦經歷而投注全付心力在孩子身上的父母，已在不經意中建造了情感牢籠！

湧現的性渴望迫使青少年離開父母，否則就會感受巨大焦慮。然而，當文化環境在母親身旁安排了父親、家庭、社區以及社會的存在，讓青少年可以遠離母親，促使他繼續成長歷程、試著探索原生家庭以外的世界，就沒有任何機會讓情感牢籠得以建構。在此情況下，與母親分離、取得個人主體的青少年可以安心地繼續愛母親，建立與性慾無關的依附關係，同時學會以不同方式愛母親之外的另一個女人。青少女也是相同的演變模式，因為這樣的遠離、分離——個人化過程，她不會有父親對自己有性渴望，或是母親妨礙她去愛其他人的念頭產生。

當父母成長經驗或是社會環境引導孩童建立起封閉的情感關係，分離機制就建構在恨之上。有時，母親具英勇形象，而父親是被犧牲的，這種情感俘虜機制阻礙任何可能的逃脫，形成惱人的繭，繭之外則是充滿威脅的社會環境。這種情況下，因為社會環境令人害怕或感到孤獨，青少年會在令他透不過氣的家庭中尋求庇護。在這鑲著金箔的匱乏中，他無法意識到自己的欠缺，無法用夢想、憧憬和渴望去填滿它。這類現實謀殺了希望，生之喜悅以及奮力一搏的勇氣都不再有任何意義。當他來到青春期，被過往所困，而又缺乏未來憧憬，父母就變得一無是處，他會如此責難給了他一切的父母：「你們沒有讓我學會面對生活，你們讓我變成一個只能接受別人援助的人。」成人寶寶是科技文化，以及對孩童過度溺愛的產物。他們變成家裡呼風喚雨的暴君，社會上唯唯喏喏的順服者。父母病態的殷勤造就了一種支配性的關係，而這種愛的方式讓他心裡產生截然相反的感受：「因為父母給了我一切，讓我很焦慮。只有他們懂得如何生活。我，就只會接收。」

歐諾西向我說明了她母親想要成為完美母親的渴望，在早先幾年和諧相處的時光過去後，如何讓她內心因而萌生恨意。「她每天早上幫我盛好一碗早餐，晚上在我就寢前將睡衣烘熱。我等著她張羅一切。我深愛著她。突然之間，在我十二歲的時候，我恨她。我的拼字能力很糟糕，這都是我媽媽的錯，因為我等著她幫我打點一切，她只要給我安排些課就好了，但是她沒有這樣做。都是因為她，我的成績才不好。」胡希，他也同樣經歷過這種由愛轉恨的翻轉過程：「母親曾是我的一切。我老是賴在她身邊。十二歲時，我卻感覺到她對我的侵犯：『你已經長毛了！』就在她談論我的性徵時，引起我的反感。我不得不將她趕走。

她依然持續愛著我，但是從那天起，她讓我感到窒息、焦躁，簡直是愛的地獄。只有她死了，我才能不再恨她。」二十年之後，歐諾西與胡希發現父母擾人的舉動源於他們自己的過去。歐諾西說：「我甚至從來不知道媽媽曾經被虐待。」胡希也向我解釋：「我之前根本不曾好好認識過他們。我不知道他們是怎樣的人。關於他們對生命的看法，我也一無所知。到了二十五歲，我才在偶然間得知，母親在西班牙內戰期間失去所有家人。她還是孩子的時候曾被囚禁，伺機逃出後則幫人洗衣賺取學費。她希望我幸福快樂，所以從未提起這些往事。如果她跟我說過這些事，我會以不同的方式去愛她。」他補充道：「因為太想保護我，她砸了……藏了一切。」突然間，他因為這個口誤陷入茫然。

情感牢籠的喜劇，跟古典劇一樣都是由三幕組成。第一幕和諧開場，帶來無知的歸屬感，第二幕，「愛的地獄」，則呈現強烈而又絕望的爭取自主的企圖。緊接上場的第三幕是「苦澀的自由」，在這一幕裡，母親說：「某天，我女兒打了我。隔天，我就去給自己買了珠寶。十五年來，我為了她攢下每一分錢。」某個母親這樣嘆道：「我女兒打了我一巴掌那天，我感覺內在某種東西熄滅了……我當時才剛拒絕到另一個城市擔任銷售主管的升遷機會，就只為了讓她可以留在原來的舞蹈團。我感覺自己自由了，同時又傷心欲絕。」

施暴青少年未來在社會上的發展方向十分獨特。他們較容易投入由法律建構起的某種暴力職業，例如司法人員、警察或是討債人員等。這些曾經乖順守規矩的家中霸王，在轉變為成人時，一旦毫無保留的接受某一體制所有價值並將其內化，他們的性情就會平穩下來。這依然是一種屈服的形態，因為對於所有演說內容、標記以及讓他們得以在階級體系中取得一席之地的遊戲規則，他們全都欣然接受，絕無一點質疑。即使他們假裝自己是改革家或是恐怖主義分子，他們還是服膺於某種一字一句都深植於心的文化敘事，避開任何可能對他們提出質疑的自由想法。在順服童年的情感囚禁之後，他們自願順從於某種讓他們感到寬慰的敘事。因為不論是情感或語言上的牢籠，那份確定性都為他們帶來心理上的安全感。

在過於關注他們的家庭中任人主導一切之後，他們會屈服於看似能夠代替個人解決所有問題的社會表徵。在家庭中展現的暴力行為實則為企圖取得自主權，藉此對抗亂倫焦慮。然而，一旦成功度過了亂倫的風險，這些曾服從於父母出自愛的支配行為的年輕孩子，會轉而服從於周遭文化。這樣的轉變過程顯露了不利於自我修復的因素，因為如此形塑出的孩子無法重新得到自由，或是另一種模式的成長。一個人會一再複製自己所學到的，這是種無可避免的歷程，而這也說明了，易於辨認、理解的具衝擊性的創傷，較容易營造出利於自我修復的諸多因素；另一方面，深植記憶、幽微潛在的創傷，則是一種無意識的學習模式，它在抑制成長的同時，也阻礙了自我修復。

「在五十位曾經歷慣性反抗、叛逆、爭辯的青春期的年輕人中，有二十多位成功避免走上不被社會所接受的行為岔路……之後，他們成熟了，找到工作方向，與人生伴侶經營生活……他們忘記自己曾表現出如此強烈的攻擊性與叛逆……他們語帶肯定地說，當時一切都很好……並且評斷身旁的年輕人毫無教養！」63

這些年輕人已在自我修復的過程中轉化了他們的情感關係。另一方面，被米榭．樂梅（Michel Lemay）形容為「金玉其外的匱乏者」的那群人，則為了變得較有力量，一而再、再而三地順從，身陷此一無法帶來自我修復的過程。阿道夫．希特勒（Adolf Hitler）的家庭成長與社會軌跡便顯現了這些暴虐乖乖牌的人生走向。

打造出阿道夫．希特勒性格的最初基礎來自於他混亂的家庭背景。他的祖父內波穆克（Neponemuk），同時也是他母親克拉拉（Klara）的祖父[64]。希特勒的父親阿洛伊斯（Alois），是受人敬重的海關關員，有著放蕩不羈的私生活。他先後共娶了三位妻子，其中一位比他富有、年長，另外兩位妻子則都與他的女兒年紀相仿。為了迎娶克拉拉，阿洛伊斯甚至必須取得教會特許。因為兩人其實具有旁系血緣關係。「婚後好長一段時間，克拉拉仍難以擺脫舊習，稱他為『叔叔』。」[65]錯綜複雜的父系家族關係、「亂倫家譜」[66]，或許在小小希特勒心中留下混亂、難以取得個人化的表徵。

他幼時，家中沉浸於小孩先後夭折之慟。希特勒，克拉拉的第四個孩子，卻是第一個成功存活下來的。在他之後，他的弟弟也早年夭折。阿洛伊斯對克拉拉和孩子暴力相向，但是並不常待在家中，因為他對家庭毫不在乎。克拉拉僅有的幸福泉源就是希特勒，她傾注全副

63 參見前引德拉諾（C. Delannoy），《領養風險：必須共同打造的生活》（*Au risqué de l'adoption. Une vie à construire ensemble*, p.89-90）。
64 參見克蕭（I. Kershaw），《希特勒1889-1936》（*Hitler 1889-1936*, Paris, Flammarion, 1998）。
65 同上，p.48。
66 同上。

心力在他身上。「……克拉拉以無盡感情以及令人窒息、無微不至的照顧，將兩個僅存的孩子希特勒與寶拉（Paula）緊密包圍……」。[67]除此之外，還有她的妹妹喬安娜（Johanna）也對兩個孩子關愛有加，兩人過度保護了「這個被母親捧在掌心疼愛的孩子」[68]。家庭中的猶太醫師艾德華．保洛許（Eduard Bloch）回憶道：「他投入最多精神的，就是對母親的愛……我從沒見過更為強烈的依附關係。」之後，在《我的奮鬥》一書中，希特勒明白寫道：「我尊敬我的爸爸，但是我深愛我的媽媽。」[69]在他從地堡消失之前，他身上都還帶著母親的相片。

到了青少年，這個「痛苦的過渡期」，希特勒在自主性上仍面臨極大困難。教師們極為驚訝地發現，他每天在位於利翁丁（Leonding）的中學與林茲（Linz）的住家之間長途跋涉，只為了不要跟母親分離太久。伊恩．克蕭（Ian Kershaw），一位被授予在柏林歷史檔案室從事研究工作的歷史學家寫道：「小學時期快樂愛玩的孩子，變成一個遊手好閒、苦澀、叛逆、陰沉，而且優柔寡斷的青少年……」[70]，「他的舉止清楚洩露不成熟的特徵」[71]。在這段敘述中，我們看到成年寶寶的模樣。

希特勒，一位消極、時而怒氣沖天的少年。若我們想像他生活在非洲，在那兒，一個十四歲男孩必須要證明自己的體能與勇氣才能融入群體；或者想像他是伊努伊特族（編案：

Inuit，住在格陵蘭島以及加拿大、美國的北極地區的原住民）少年，必須在冰上狩獵捕魚，還要發明一些遊戲讓自己融入社會。假如他來到法國，和其他在一九三〇年移民法國的義大利或是波蘭裔孩子處在一塊兒，當時男孩一到十二歲就得下礦坑工作，過著鮮少見到陽光的日子。在這樣的社群環境中，年輕孩子被要求極度貢獻勞力、克制自我，同時強調群體關係的重要。在此環境下，少年希特勒可能毫無價值，因為他無法得到社會認同地位。然而，在當時歷史時空，泛日耳曼主義有組織地，以輕視、譏諷的思想建立諸多社會團體。這位「無所事事、目中無人」的大孩子受到熱情歡迎，因為他就是傲慢文化的最佳代言人。在如此社會歷史氛圍下，年輕希特勒得到充分發揮，此一事實也讓我們重新檢視每個文化提供給浸淫其中的年輕人，關於理想自我的標準、該文化鼓吹的價值，以及對於最符合此社會期待的個人所賦予之特權。

67 同上，p.49。
68 同上，p.71。
69 同上，p.49。
70 同上，p.58。
71 同上，p.55。

重蹈覆轍，或是自我解放

強迫性的重複行為並非不可避免

這種對於反自我修復的思考，彰顯了精神分析家所觀察到的重蹈覆轍現象。相反地，自我修復的過程，就是要避免屈服於有關家庭、群體或是文化背景的不幸預言：「他遇上這種事，一生都完了……他沒有家，怎麼可能繼續求學……被強暴之後，她不是變得性冷感，就是變成蕩婦……」

然而，自一九四〇年代起，精神分析學家就開始對受到過去所縛、而神經質地重蹈覆轍的現象，以及幫助個人自過去抽身、進而自我解放的修復工作兩者作區辨。在臨床上經常可見強迫性的重複行為，患者一再製造讓他們受苦的相同情境，像是有一股力量似地，將他們推向這種不合邏輯的過程：「她又回去找那群人，然後又會再受到性侵害……他遭到虐待，並深受其苦，而現在則苦於自己成了施虐的父親……」揭開這個現象的佛洛伊德提及了源自無意識、難以抑制的過程。這無法用享樂原則加以解釋，因為這種對不幸的追尋出自於死亡衝動：「……創傷精神官能症中重複顯現的荒謬破壞力。」[72]事實上，在極具衝擊力的事件過後，有些人會再也無法解決日常生活的問題，因為他們不知道自己還有能力做什麼，也不知道該怎麼安排一切。他們完全被淹沒，再也無法面對接下來的生活。

精神創傷的特徵，是長期的恐懼意象在白天佔據所有思緒，夜晚則化為惡夢糾纏。時間停滯不前，因為受創者不停感受到恐懼，「歷歷在目，就像剛剛才發生似地」。那個人，即使不願意，還是會一再複製他所受的苦，受到暴力相向的，自己也變得暴力；受到侮辱的，出言羞辱他人。大部分情況下，當受創者在家庭或是社會團體中有了一席之地後，這個精神創傷會漸漸淡去。儘管如此，在比例不定的某些個案中，精神創傷仍持續存在，並毀壞受創者的生活。隨之而來的痛苦經由多種面貌呈現：從對生命提不起勁、確切的沉痛憂傷感受、睡眠障礙、思想脆弱易受影響等「普通程度」的消沉，一直到產生毒癮，或是不斷想起、重現令人心碎的事件。相關數據也因為調查時間點、地點，以及搜集當事人自白的方式不同而

72 參見吉約曼（J. Guillaumin），《傷口與傷痕——精神分析的負面宿命》（*Entre blessure et cicatrice. Le destin du négatif dans la psychanalyse*, *Seyssel*, Champ Vallon, 1987, p.191）。

有所差異。相較於面對面訪談，精神創傷者通常較容易在電話中吐露心聲。[73]因為，在一般訪談中，他們會想要保全顏面。整體而言，通常可以觀察到，在創傷過後六個月，有百分之十的受創者仍受心理創傷所折磨（其中男性族群有百分之六，女性族群則為百分之十三）。這種病理現象佔所有心理困擾的第四位。

對此現象的解釋，則依據各個醫師所受的教育訓練而各異。精神分析師們對於死之本能的概念不盡認同。[74]佛洛伊德聲稱死之本能超越享樂原則，在那個領域，人們抑制享樂本能，轉而表現在各種幻夢、徵狀以及行為上。這樣的解釋，其實不無可能是佛洛伊德將本身所經歷的一段極為痛苦的時期，以理論化的文字呈現出來。他從沒遇過如此多的治療失敗案例，並因而重新審視自己的診療方式。[75]病人的復發讓他的精神分析解釋顯得不具任何療效。療程本身常常變成精神上的緊張。不過重點是，這個在戰後的一九二〇年代由佛洛伊德所提出的概念，將創傷視為真實存在的事件，而不僅是空想。在當時糟糕透頂的情況下，佛洛伊德極力嘗試釐清自身的創傷：一位侄子死於戰場、一位他與之建立起朋友關係的病人安東·佛洛映德的死、學生維克多·陶斯克自殺，還有愛女蘇菲悲劇性的死亡，以及他深愛的孫子，也是蘇菲兒子的死。佛洛伊德是不是將自己的憂鬱以理論呈現了呢？[76]由於無法從這些苦難中逃離，在他眼中「重複」現象無所不在。「重複」現象毫無疑問是千真萬確的：戰爭、親生孩子的死、多位精神分析學家自殺、診療失敗，以及空蕩蕩的診間。佛洛伊德或許就是藉由過度理論化、普遍化他在某段難熬歲月所經歷的真實，來對抗自身絕望。

這不代表「重複」現象就不存在，只是說明了我們可以用另一種方式去理解它，而以自我修復的觀點來看，絕不要向它屈服。「母親總是追不到我，因為我跑得太快了。所以，她會等我晚上睡著的時候，進到房裡用皮帶抽打我……我從來不曾感受過愛，所以也無法給別人愛。事實上，我甚至不敢告訴女兒我愛她。所以我為她犧牲自己的一切，用行動表達自己無法用言語說出來的部分。我偷偷地付出，什麼也不說，希望她有一天會明白。」拙於表現感情的重複現象是一種防衛策略，它阻絕了人格的表現，影響母女之間的情感關係。這是一

73 參見馬杜（A. Marthur）、史密斯（L. Schmitt），〈集體創傷後的創傷後壓力症候群〉（Epidémiologie de l'ESPT après un traumatisme collectif），《壓力與創傷》（*Stress et Trauma*, 2003, 3（4）, p.216）。

74 參見貝杰黑（J. Bergeret），《基本的暴力》（*La Violence fondamentale*, Paris, Dunod, 1985）。

75 參見前引吉約曼（J. Guillaumin），《傷口與傷痕》（*Entre blessure et cicatrice*, p.198）。

76 出自佛洛伊德（S. Freud），〈致露・安德烈亞斯・莎樂美信函〉（Lettre à Lou Andreas-Salomé, 1er août 1919），引自蓋（P.Gay），《佛洛伊德，生命》（*Freud, une vie*, Paris, Hachette, 1991, p.604-605 & note p.126）。

種情感矛盾。前例中，母親重複表達出逃避的、帶有距離的，甚至可能是冷淡的情感，因為她不敢表白自己的感情。至於女兒，她和母親在一起時，母親表現出受支配的成人形象，為孩子奉獻一切，在孩子面前抹去自己。必須要等到這個女兒長大，她才能瞭解這種行為策略的意義。甚而，因為母親的退縮造成孩子變為成人寶寶，我們可以想像，她必須花上好幾十年的時間才能發覺這一切的意義。

受心中的自我意象所控制

關於「與他人互動中的自我」的記憶

或許，我們可以將問題視為一種印記、一種利於某種人際發展的潛移默化的習得。孩子在日常生活互動中，學會了回應自己所建構出來關於「與他人互動中的自我」概念。所有活生生的人無可避免地會對各種感知做出回應，然而，年幼的生命，從六個月大開始，就也會對所建立起、深植記憶的「與他人互動中的自我」表徵做出回應了。[77] 新生兒只能依附他人存活，獨自一人，他便沒有任何成長的可能。從大自然的生物現象可發現，依附對象幾乎都是抱著初生嬰兒的母親，但是，任何願意照顧嬰兒的人，或許是另一位女性、男性、或機

77 內在運作模式（modèle interne opérant, MOI），收錄於鮑比（J. Bowlby）《情感與失去》（*Attachement et perte*, Paris, PUF, 1969）。

構，都可以經由向新生兒傳達影像、感覺、動作行為等，擔負起依附對象的功能。一個又一個動作形成感官現實，充盈在新生兒的記憶裡，並讓他學會去預期依附對象的某些舉動。因為丈夫、成長經歷或是社會環境而抑鬱寡歡的母親，會散發出消沉女性的感覺：面無表情、缺乏肢體互動遊戲、回避的目光，以及單調的言語。母親的內在世界藉由這些傳遞出來，而浸淫在此環境的嬰孩則學會以退縮行為作出反應。[78]在將滿一歲之際，他只需要觀察充滿這個不快樂的依附對象，就足以預期與悲傷母親的互動。嬰兒不僅針對他當下所覺知到的一切作出反應，也會回應自己所默默觀察到的，並根據先前習得的見做出預測。

三歲起，小孩進入懂得同情憐憫的年紀，開始有能力對自己心目中構築的母親內在世界樣貌、自己的動機、企圖、甚至信仰等表徵做出回應：「她一定又會以為是我吃掉了巧克力，可是其實是弟弟吃的。」在冷淡環境下長大的孩子，理所當然預期其他人冰冷地對待他。他幾乎是這樣想的：「所有情感關係都帶來冰冷。」相反地，感覺受到關愛的孩子，因為曾經被愛過，也就認為自己是討人喜愛的。這樣的知覺透過平凡但攸關生存的動作刻畫在記憶中，帶給孩子有自信又討人喜愛的自我表徵。在與人建立連結時，他也會不停地對這樣的自我表徵做出回應。

這樣的學習帶來一種持久的情感模式，並會在人生初期的幾段愛情邂逅中表現出來[79]：

「當我思考自己是怎樣的人，我就預期她會看不起我。」他也可以這麼想：「當我思考自己是怎樣的人，我就覺得她會接納我。」這個「與他人互動中的自己」的表徵，是在與人相遇的過程中共同建立起來的，但是仍有可能轉變。就像所有記憶一樣，可能被淡忘、或是逐漸增強，也可能被改寫。

---

78 參見A. 哥德內（A. Guedeney），〈從幼兒早期持續的退縮反應到憂鬱症〉（De la réaction précoce et durable de retrait à la dépression chez le jeune enfant），收錄於《兒童與青少年的神經精神學》（*Neuropsychiatrie de l'enfant et de l'adolescent*, 1999, 47（1-2）, p.63-71）。

79 參見哈贊（C. Hazan）、夏佛（P.Shaver），〈依附作為親密關係之研究架構〉（Attachment as an organization framework for research on close relationship），《心理諮詢期刊》（*Psychological Inquiry*, 1994, 5, p.1-22）。

記憶造就我們，我們打造記憶

透過敘事可以改寫自我表徵

這種學習，是一種沒有表徵的記憶，一種不見得是有意識的肢體或心理能力的習得。此即所謂「程序性記憶」（procedural memory）：負責處理某類視覺、聽覺或是觸覺訊息的大腦皮質神經區域受這些感官訊息影響而成形，這讓大腦因此對這一類訊息具有較高敏感度，相較於其他訊息，這些訊息由於在生命早期就已覺察，大腦更容易感知它們。相同推論過程也適用於構築出我們敘事認同的過往事件。然而，在這個建構自我的過程中，我們的記憶已非生物性記憶，而是情節記憶（episodic memory）和語意記憶（semantic memory），因此絕對是有意識的。這樣的「自傳」，是由一些在時間與情感關係中的影像及事件回憶所組成，這種記憶提供一個可供有意識地回想的自我表徵：「我記得六歲的時候，大家到處找我，而我則躲起來吃著偷來的番茄，把自己弄得滿頭滿臉髒兮兮的。」語意記憶則由更一般性的陳述構成：「我數學一直都很差。」我們的生涯規劃和日常生活中對關係的投入方式，都回應著這些自我表徵。個體是針對這個建構出來的記憶作回應，而非針對還原的真實過去。像電影劇本般，將事件切割為數個分鏡及對話的概念，也包含在事件演變的過程中。這些事件改變了我們的情緒、動作及言語反應，並將自我表徵以敘事方式表現出來。[80]（詳150頁編輯補充二：淺談記憶類型。）

一方面，陳述型的外顯記憶，由腦部主掌語言及記憶的顳葉和海馬體負責。這個神經功能，使得個體有能力在自身的過去中尋找構成自我感覺的影像元素，並據以做出自我敘事。另一方面，內隱記憶（譯案：又稱程序性記憶）則是意識所觸及不了的部分，因為這種記憶只在與語言相關的大腦皮質區，以及腦部右側顳葉中留下模糊輪廓（佛洛伊德所說的「易化」，facilitated）。[81]大腦對於語言發展前留下的經驗具有較高敏感度，但我們意識不到這

80 參見尚克（R. C. Schank）、艾伯森（R. P.Abelson），《劇本，計劃，目標和理解》（*Scripts, Plans, Goals and Understanding*, Hillsdale, Erlbaum, 1977）。

81 參見曼西亞（M. Mancia），〈記憶劇場中的夢想角色——在精神分析過程之角色〉（Dream actors in the theatre of memory. Their role in the psychoanalytic process），收錄於《心理分析國際期刊》（*Int. J. Psychoanal.*, 2003, 84, p.945-952）。

一點，一如我們無法明白自己有某種對世界產生特定觀點的先驗知覺：我們相信它，是因為我們確實看見了。它不可能是精神分析學家所指涉的，因為內心衝突而被壓抑的潛意識，相反的，這種印記讓人聯想起佛洛伊德所說的「潛意識內的生理巨石」（roc biologique de l'inconscient，英譯：'the biological field……the underlying bedrock' of the uncinscious）[82]，透過篩選某類資訊，進而影響個人的情感生活。它可能在意料之外突然現身，在夢中、口誤或是某個無心動作中，以片段或是使者的形態從潛意識冒出來。

這個小小的推論意味著，記錄在神經元中、無意識的程序記憶，可以自我增強或是消除，就如同其他的生物過程演變。透過語言表達，我們可以改寫、重製這些自我表徵。歷史學家一旦發現新史料，就會更動社會悲劇的文化敘事。而藝術家，則可以透過把恐懼轉化為藝術品的方式，來改變創傷所引起的感受。一段親密關係、友誼或是心理諮商，可以改變一個人內心的自我表徵。語文表徵工作可以改變，有時甚至徹頭徹尾顛覆原來的自我形象，並改變他對於情感與社會生活的投入方式：「敘事是一種方法，透過它，一個人努力促成自己的命運。」[83] 這就是自我修復的企圖！

有三種可接觸到的語文表徵來源：摯友、家庭、社會。我們可以透過藝術作品、小說、電影或哲學論述來改變某個文化偏見；我們可以透過社區聚會、報紙文章、協會活動或家族治療等，使身邊的人們做出改變。我們可以透過將不一致、令人難以接受的創傷記憶碎片重組、連接，來練習控制由某個片斷、強烈的表徵所引起的情緒感受。書寫、心理治療或是文化參與，都可以達成這個「關連敘事（narratif cohérent，英譯：cohrent narrative）」[84]的工作，最終提供一個清晰、平靜，並且被周遭親友及文化所接納的自我表徵。

82 參見佛洛伊德（S. Freud），〈完成的分析以及永無止境的分析〉（Analyse terminée et analyse interminable），收錄於《精神分析法文期刊》（*Revue française de psychanalyse*, 1938-1939, no 1, p.3-38）。

83 參見高夫曼（J.-C. Kaufmann），《自我創造——身分認同理論》（*L'Invention de soi*. Une théorie de l'identité, Paris, Armand Colin, 2004, p.153）。

84 參見何姆斯（J. Holmes），《約翰・鮑比與依附理論》（*John Bowlby and the Attachment Theory*, Londres/New York, Routledge, 1993）。

【編輯補充二】
explanatory note

淺談記憶

對鮑赫斯．西呂尼克來說，從創傷中自我修復、發展心理韌性之所以可能，涉及了記憶的重構。於此整理大腦內的記憶分類架構，幫助讀者理解本書內容所提到的各類型記憶的內涵：

- 記憶
  - 短期記憶(1)
  - 長期記憶(2)
    - 陳述性記憶(3)
      - 語意記憶(5)
      - 情節記憶(6)
    - 程序性記憶(4)

1. 短期記憶（short-term memory）：過去稱為「工作記憶」（working memory），訊息的儲存時間與儲存量有限，為個體應對眼前事物而暫時儲存的記憶，如撥打電話時，暫時記住電話號碼，播完電話即忘記。

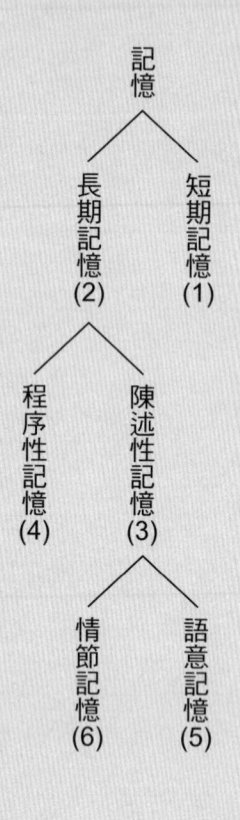

2.長期記憶（long-term memory）：記憶的內容按照主題、時間被組織管理，長時間記住，可說是大腦的資料庫。

3.陳述性記憶（declarative memory）：也稱為「外顯記憶」（explicit memory），指的是能夠明確想起是某個事件或事實的一種記憶。譬如記得美國首府是華盛頓，第一次造訪華盛頓時看見一整片櫻花。

4.程序性記憶（procedural memory）：也稱為「內隱記憶」（implicit memory），指關於技術、過程或「如何做」的記憶，很多時候難以用言語明確表達。譬如學會游泳後，一下水便知道如何游泳。

5.語意記憶（semantic memory）：與抽象知識相關的客觀性記憶，儲存那些獨立於個人經驗的一般事實性知識，如食物的類別、某個地區的城市等，這是透過語言、文字、數字、演算法等抽象瞭解來形成的記憶。

6.情節記憶（episodic memory）：是一種自傳式的主觀記憶，這種記憶可能是個人獨有的，儲存了附加於特定事件的觀察性的資訊。它可以被明確表達，並能與過去的特定時間、地點以及相關的情感與知識連結。例如記得第一次搭飛機的那個時刻，心情很興奮。

脫離機制
一種生理、心理與社會的練習

只要周遭親友、文化不去破壞它，同時受創者在遭遇不幸前已獲得一些讓他能夠抓住修復機會的內在資源，所有自我修復的支柱都在觸手可得之處。

艾莫狄從小就是和善乖巧的孩子。甚至可能有些過於順從，一心循規蹈矩，從不遲到、作業簿永遠保持潔淨、襯衫釦子直扣到領口。奇怪的是，正是此般的乖順守法使得他與社會脫離。因為太過正常，他變成空氣般的透明人。他不喜歡母親，但是又無法離開她，因為服從這位女性，他的青春期變得痛苦不堪。母親精明能幹，將一切打理得妥妥貼貼，卻也在無意中抹除了兒子與丈夫的存在。直到有一天，艾莫狄為了想讓自己感覺有力量，決定傷害母親。某夜，他在朋友家度過一段百無聊賴的時光，必須晚一點回家。他打給母親，裝出另一個人的聲音，說道：「B女士嗎？這裡是醫院。我必須跟您宣布，您的兒子死了。」然後掛掉電話，回到朋友家繼續無趣的夜晚。然而，從這一刻起，他的心情輕鬆起來，因為他終於可以想像母親也是脆弱的了。之後，他陸續發明許多諸如此類的折磨方法，並樂在其中。他做出些傷害自己的舉動、佯裝自殺，他告訴母親自己要去接受愛滋病治療，實際上他卻什麼病也沒有，此外，他還宣布自己愛上隔壁的卡車司機——那個母親憎惡的鄰居。家庭關係變得沉重，偶爾風暴席捲。情況就這樣持續著，直到那日，法國勒克萊爾軍隊登陸昂瑞萊潘（Juan-les-Pins）紀念日，一家當地報社報導了一位女性在二次世界大戰後解放時期的英勇事跡，街坊鄰居不停地向艾莫狄談到這些事，那一天，他才真正認識了母親。在此之前，他從來沒有機會觸及真實的母親，因為她只扮演專制女傭角色。他從不知道她的過去，因為在日常生活裡，他從未沒有機會理解到，母親她，也是一個人。我們不會和小嬰孩談論政治，而平日生活就足以讓這家庭充滿撞擊，滿是各式各樣的問題。艾莫狄家認識的人中，不論是堂兄弟、朋友、鄰居，從沒有人談論過他母親的過往。是一份報紙，在二十五年之後，藉由人人傳閱的一篇文章，以第三者的角色，讓艾莫狄讀到母親的故事。年輕的艾莫狄不讓母親有開口的機會，父親很沉默，他也總是避開父親的房間。然而，就在讀過報導隔日，他與母親的關係轉變了。因為深受普羅旺斯解放的歷史所吸引，艾莫狄除了閱讀、也訪談見證者，然後急切地跟這個女人——他的母親，這個他剛剛發掘過去與內心世界的女人——談論這段歷史。

艾莫狄內心的苦，以及他加諸於母親的折磨，只是藉由一再重複的痛苦關係不斷加深雙方對彼此的不瞭解。是在家庭以外發生的一個事件，透過一份報紙、一段文化敘事，促成了轉變，同時啟動脫離的過程。這個古老的概念早在一九四三年就由一位英國精神分析家提出了，他說：「那件事，有一再重複的傾向。」是創傷的印記，那些在記憶中留下的痕跡，讓我們只透過單一眼光觀看世界，並且圍繞著單一主軸去解讀它。但是，「自我有修復的傾向，試著重建……想修補得天衣無縫，使它像原來一樣完整，是個痴想，因為創傷已刻畫在記憶中，但是我們能夠善用創傷，使它對自己有益，得以逐步地分解壓力。」[85] 這個論點，用精神分析詞彙說明了神經生物學上的概念。內隱記憶，是被易化在大腦中的某個區塊，讓大腦學會用某種方式看世界；相對來說，外顯記憶則以重現影像以及字句的方式來形成自我表徵。這樣的機制，讓我們能夠重新加工、改寫某個真實創傷引起的感受。

心理韌性與自我修復的理論不脫此範圍。「重複性」在構成自我認同的過程裡扮演極重要的角色，它創造了穩定與期待：「每次我遇上這一類男人，都是相同的反應，怒氣沖天。」所有的習得，都可以隨時間消逝，或透過言語、影像的重現加以改變。因為重複，我們得以不論周遭環境如何變動，都保有自我的感覺，但一旦從中脫離，則會讓我們對這個自我表徵產生不同的感受。我們可以向文化挑戰，說服它沒有任何創傷應該被遺忘，或是邀請社會大眾為創傷者提供自我修復的資源，讓受創者可以試著重新開始另一種形式的成長。「脫離機制強迫主體對自己深入探究：一種深層的心理活動，好擺脫壓抑，重新啟動創造潛能；一種重建過去的方式，藉由歷史事件為自己找到定位；一種自己與社會準則關係的改變，並對抗各種不同形式的、帶來羞辱暴力的權力。」[86]

這就是自我修復的行為準則：在心理上練習獲取不同的人際關係技巧，以重現構成我們自我認同的過往，並學習以其他方式看待自己，以對抗社會對受創者的刻板印象。

---

85 參見比布林（E. Bibring），〈重複強迫的概念〉（The conception of the repetition compulsion），收錄於《精神分析季刊》（*Psychoanalytic Quarterly*, XII, 1943, p.486-519）。

86 參見高勒捷（V. de Gaulejac），《羞恥的來源》（*Les Sources de la honte*, Paris, Desclée de Brouwer, 1996, p.225）。

Parler d'amour au bord du gouffre

第四章

愛的玄學

親子溫情與浪漫愛情

刀刃上的兩種愛

「在性慾讓我開始對女人有特殊異樣的感覺時，我甚至不知道自己早已學會了某種愛的方式。我覺得她們不一樣了，事實上是我自己看待她們的方式不同了。這是我第一次看見女人。在此之前，我就只看到女孩、女士或是母親……而不是女人。內心激動不安，讓我有種謎樣感覺，令人既興奮又焦慮，讓人喜悅卻又近乎痛苦。我必須搞懂為什麼會有這種從未感受過的騷動，必須利用自己的身體，與其中一位女子共同探索愛情玄妙，在這個敏感世界中相遇，就像某種啟蒙儀式，在我內心深處湧現的所有力量，極力從家庭與文化典範中尋找啟發，以找出如何開啟一段愛情邂逅。」[1]

這裡有兩個難以理清的字：「邂逅」與「愛情」。奇怪的是，我們對此感到自豪。特別是，自由戀愛的價值在現今諸多文化中是不被認同的，人們認為，家族指婚比較崇高，因為它維繫了家庭架構、從旁支持新婚夫妻，並傳遞該族群的價值觀念。相較之下，因愛情而結合的配偶，是個人選擇至上，若年輕人不再理會群體規範時，社群將變得脆弱。家族指婚在社群中被視為一件重要社會大事，在這種文化下，第一次性行為也成為地位轉變的指標，是某種成年禮。而另一方面，自由戀愛將兩個出於自由意志而選擇彼此的年輕人結合起來，但他們並未真正意識到，自己其實仍服從於驅動他們做出選擇的社會價值之下。這或許可以視為一種形式隱晦的指婚。

邂逅並不是平凡無奇的一個字，相反地，它是一件大事，近乎創傷，因為它需要兩人彼此深入影響。相遇時，兩人會改變各自前進的方向，不然，兩人就只會擦肩而過或避開彼此而已。愛情，是兩個人在性行為中揉合彼此慾望，在每日的生活中結合雙方的情感模式。我們嚮往這個創傷，希望與另一個人開花結果，但也因此同時冒著毀滅的風險。所有的相遇都是一次航道的改變，這個改變可能帶來潰敗，因為沉浸愛情的人賦予另一個人進入自己身體以及靈魂的權力，也因此，慾望、愛的方式的結合，給了戀愛者幫助另一方成長……或是摧毀他的權力。

1 本信為虛構，揣想一位成年人回顧青少年時的心境。

直到最近，依附關係在愛情中的角色才開始獲得關注：情感模式傾向撮合兩個能夠成為彼此支柱的人，他們給予對方安全感，直到對方有足夠信心……脫離！[2]「初戀迫使我們拒絕、反抗伊底帕斯情結（編案：戀母情結，指男孩在潛意識裡會愛戀母親，與父親成了情敵）的客體（雙親）」[3]，以投向另一個客體，而這個人將接受我成為性伴侶。依附與愛情是兩個本質相異的過程，因為依附關係在日常生活互動中悄悄滋長，而愛情則佔據意識，是強烈、令人難以招架的事件。

上述兩現象的銜接是一道謎題：如何調和阻礙性慾的親子之情，與吸引我們探索性慾的浪漫愛情？[4]這兩種愛的方式有其關聯，卻又互不相容，畢竟我們不可能以愛妻子的方式愛母親！

我們可以透過觀察剛交往的情侶來解答此問題，他們會為了邁入性關係而做出溫柔舉動，但關係穩定的伴侶則不必然會這樣。溫柔舉動架構起情感連結，它可能與性慾無關，但那是在母親與孩子互動過程中刻畫在我們內隱記憶的：我們輕撫對方臉頰、擁抱、牽手、以「兒語」交談、以親暱的小名稱呼彼此、為對方獻上自己親手準備的食物，然後，有時這些舉動出現偏差、有了不同意義，並讓雙方身體一致地朝向性行為發展。我們無法想像和自己的母親經歷相同的一連串情境，甚至單單想像這個畫面都會升起一股厭惡之情，讓人難以忍受。愛情猶如走在刀刃之上，溫柔與慾望僅一線之隔，即使是最微小的身體或言語觸動，都可能讓我們從美夢掉入惡夢。

而今，依附關係的研究讓我們瞭解到，自己如何在產生性慾的年齡前就早已學會了愛；動物行為學的觀察，則幫助我們分析兩個軀體如何為彼此的相遇做準備；最後，就是這種親密會帶來何種結果的問題，它可能是一場相遇的句點，或相反地，改變了彼此的依附結構。如何在做了愛之後，一起生活？如何在每日生活中結合浪漫愛情與親子溫情？畢竟，這兩個相反的需求，一個是讓我們為之瘋狂的慾望，另一個則是情感連結的建立。

---

2 參見布幾紐（O. Bourguignon），〈依附與脫離〉（Attachement et détachement），收錄於胡澤（D. Houzel）、艾曼紐（M. Emmanuelli）、默吉歐（F. Moggio），《兒童與青少年的精神病理學辭典》（*Dictionnaire de psychopathologie de l'enfant et de l'adolescent*, Paris, PUF, 2000, p.70-72）。

3 出自居東（Ph. Gutton），〈雙親〉（La parentalité），艾克斯-普羅旺斯二〇〇四年三月八日研討會。引自拉嘉許（D. Lagache）、馬勒（P.Mâle），〈針對青春期的精神分析專文論據：與他人的關係和與自己的關係〉（Arguments pour un symposium psychanalytique sur l'adolescence : les relations avec autrui et les relations avec soi-même），收錄於《兒童精神病學第一屆歐洲研討會報告》（*Rapport du 1er congrès européen de pédopsychiatrie*, Paris, SPEI, 1960, p.205-207）。

4 參見米科維奇（R. Miljkovitch），《生命歷程中的依附關係》（*L'attachement au cours de la vie*, Paris, PUF, 2001, p.196-231），以及前引西呂尼克，《情感連結徵兆背後》（*Sous le signe du lien*, p.244-252）。

愛情危機

戀愛過程的生理激發使人甘冒風險去探索伴侶

我們已經知道情感模式可以簡化為安全型依附、矛盾型（亦稱為抵抗型）、逃避型及紊亂型等（詳76頁編輯補充一：淺談依附理論與內在運作模式）。[5] 透過動物行為學研究，我們可以觀察到一些身體暗示，在雙方邂逅與情感模式磨合時同步發生。這樣的改變，有可能撕裂先前所建立的連結，或相反地，修補起幼時的情感傷痕。將初戀視為人生的徹底轉折是合理的，在這個過程中，我們從一種母性的、令人充滿安全感的愛的方式過渡到另一種由性慾驅使而展開的社會化邂逅模式。跟所有轉變一樣，這兩種愛的方式截然相反，並且是持續的：媽媽不會是爸爸，但是也並不完全只是一個女人。我的妻子讓我有安全感，因為我愛慕著她，除此之外，她也希望我渴望她。眾多力量的匯集推動了這個轉變：荷爾蒙促進新的神經迴路生成，情感模式使伴侶和諧一致，社會觀感則表明哪些是可被接受的，哪些不是。

荷爾蒙的大量增加，以及初戀的強烈情緒，共同創造了貨真價實的敏感時期，讓我們特別容易學習如何與伴侶互動。這個現象的生物基礎是神經荷爾蒙。有些人因為太有安全感而變得痲木、絲毫不感到壓力，也就感受不到周遭的變化。對那種人來說，日復一日地，沒有具特殊意義的事件可標認，自我認同也無法建構出來。相反地，過度的壓力則會改變大腦的組織構造。生活困難時，人體會分泌神經媒介兒茶酚胺，以及來自腎上腺的可體松，這些物質會優先被大腦深處邊緣系統細胞所接收。可體松會造成細胞壁腫脹，因而擴張神經通路，而後鈣離子湧入，使得細胞破裂。這說明了為什麼在經年累月的壓力，或遭遇難以承受的生命困境之後，負責傳遞情緒和記憶的邊緣系統常有萎縮現象。6

因此，對於大腦而言健康的刺激，應該是避免過度的安全感痲痺情感生活，同時也應避免過度壓力使情緒與記憶的傳遞系統萎縮，痲痹了精神生活。就像漲退潮、心臟跳動以及呼

5 參見安思沃（M. D. S. Ainsworth），〈有關嬰兒期之後依附關係理論及看法的幾個觀點〉（Some considerations regarding theory and assessment relevant to attachment beyond infancy），收錄於葛林堡（M. T. Greenberg）、契柯堤（D Cicchetti）、克銘斯（E. M. Cummings）主編，《學齡前的依附：理論、研究與介入》（*Attachment in the Preschool Years : Theory, Research and Intervention*, Chicago, University of Chicago Press, 1990）。

6 參見彌海・約恩・波提斯（Mihai Ioan Botez）主編，《臨床神經心理學與行為神經學》（*Neuropsychologie clinique et neurologie du comportement*, Presses de l'Université de Montréal/Masson, p.93）。

吸，這些更迭主宰了生命的節奏，也讓我們有存在的感覺。這也解釋了，為什麼在生理學上有種驅力讓我們追尋考驗，然後戰勝它，儘管追尋過程艱辛，我們卻由此創造出一種使自己有存在感的指標，因而感到快樂。人體會被這種可掌控的壓力喚醒而分泌催產素，這是一種令人感到愉快的物質，會在性行為、懷孕、哺乳或宣告一個好消息之後大量產生。甚至，人體還會產生類嗎啡，這是一種減緩疼痛的小分子，愉快的談話、親切的環境或欣賞音樂等都會升高它的含量。[7]

在這種意義上，愛情危機綜合、協調了上述生理、情緒及社會因素，造就出一個強烈的敏感期，讓我們甘冒創傷性毀滅的風險去瞭解另一個人，並將之納入記憶。然而，戀人無法覺知對方的全部，他只看得到對方所展現出來的一部分，而且是因為自身童年經驗而得以察覺到的那一部分。也因此，當一個戀愛中的人說：「我滿腦子就只有她」，他談論的其實只是自己，因為在他的內在世界裡，充斥的是自己對她所描繪的形象。

7 參見達瑪西歐（A. R. Damasio），《斯賓諾莎是對的。快樂與悲傷，情感的大腦》（*Spinoza avait raison. Joie et tristesse, le cerveau des émotions*, Paris, Odile Jacob, 2003, p.118-119）。

非語言的愛情告白

談愛情邂逅的動物行為學

「我當下就覺得和她墜入愛河……不，應該說，我立刻感覺到愛可以在我們之間滋長。那時，我正準備離開書店，而她的眼神將我牢牢抓住。真的，抓住，甚至是擄獲。她佔據了我，而我滿心歡喜。她當時坐在一群正在翻看藝術書籍的遊客之中，她看著我走出來，瞬間，我明白自己對她而言是特別的。她很美，她的柔美深深地直達我心底。我們瞭解彼此。然後，我用眼神擁抱她投來的目光，款款深情互送秋波，彼此緊密交纏，感受到一種危險、近乎焦慮的愉悅。我點了點頭跟她打招呼：『嗨』，我不由自主脫口而出。我感到自己與她已經有了某種連結，不太多，一點點的連結，因為這個字所帶來的強烈情緒成了驚天動地的大事。她輕吐一聲細語，應該是在說『嗨』。她舉止謹慎，我聽到她顫抖的呼吸聲。她的朋友示意她該走了。她移開眼神，然後又看向我，一邊緩緩離去，充滿哀傷。我們的愛情故事就此結束。」

這場巧遇，交換一個眼神的時間，點出關於愛情邂逅的要點：為什麼在這個非語言的信號中，會有如此清晰的感受？為什麼是她？為什麼這種快樂近似於創傷事件？如果在一見鍾情之後，彼此得以建立起連結，又會成為怎樣一對伴侶？

求愛的行為通常一開始都是非語言的，就像所有生物一樣，雙方必須有相同感受，並在交配之前就協調彼此身體。我們一直以為邂逅是透過言語發生，然而研究對話的動物行為學的研究顯示，即使在最知識性的談話中，我們想說的主要內容都是在自己沒有意識到的狀況下透過肢體動作傳達給對方。換言之，如果阻礙語言以外的其他交流形式，例如：去除姿勢、手勢、表情與聲音的顫動等，我們什麼也無法聽懂，在一段訊息中，僅有百分之三十五的內容是經由文字傳達！[8]

如果可以接受「說話是為了影響他人，使他能夠接收到我們的情感」這樣的概念，我們就能夠理解，這些有如被閃電擊中的時刻有多麼重要。剛才所提到書店門口閃現的愛情裡，雙方身體都傳達出非語言的情感，並影響了對方。如果他們有機會說上話，他們會繼續這種情感交流，並可能真的陷入愛河。語言的內容一點都不重要，重要的是語言交流。由語言伴隨而來的感官親近，有可能繼續建構從一見鍾情那刻所展開的情感連結。

女性啟動男性的求偶行為

和一般先入為主觀念相反，幾乎都是女性啟動男性的求偶行為。[9] 她們釋放出帶有興趣、昭告自己還單身的訊號，那個眼神凝視顯而易見，又意味深長——如果我們有看到的話。除了強暴犯，或是那些因為情感發展障礙而沒有學會同理心以調和雙方慾望的人外，男性鮮少主動接近沒有向他們發送邀請訊號的女性。激起愛情的不是符合黃金比例的美，而是女人觸發情感的天賦。男性可能也學會了相同的情感技巧，但是兩性傳遞的訊號似乎不同。

受到躁鬱症困擾的男性，往往在躁期時征服許多女人的心。然而在鬱期時，他整個人被掏空，世界孤零零的，讓他再也無法察覺對他有意思的女人所釋放的訊息。在此必須補充說明，不同的情感發展歷程，會讓我們對覺察到的訊號賦予不同意義。許多在幼年時學會深切愛著哀傷父母的女性，會對於開朗、充滿自信、擅長花言巧語的男性所表現出的逗人發笑的

---

8 參見布德費斯特（R. L. Birdwhistell），《動作和語境》（*Kinesics and Context, Philadelphie*, University of Pennsylvania Press, 1970）。

9 參見多布理斯基-偉博（L. N. Dobriansky-Weber），〈求愛：沒有語言的故事〉（La parade nuptiale : une histoire sans paroles），收錄於《心理學家期刊》（*Le Journal des psychologues*, 2003, no 139, juillet-août, 98, p.23）。

行為感到光火。相對於渴望與懂得逗樂自己的愉快男性交往的女性，愛著哀傷父母的女性光是逃避這種男性，或是單純與他們保持距離，就已築起一道防護，隔離了可能的電光石火。兩人都清楚地接收到訊號了，但是卻因為個人情感發展的歷程不同而有了不同意義：有著安全型依附的大部分女性都會對愉快、自信的男性發出有興趣的信號，而逃避型女性則全身緊繃，並對同樣特質的男性冷若冰霜。

觸電的感覺並非偶然，電流只會擊在幼年學習情感模式時所建構起的引雷針上。每一對未來的伴侶都是老早就打造好了的，也因此，邂逅的偶然其實只侷限在某些情況內，我們無法讓隨便一個人，去隨機愛上另一個人。每個人都只會與和他自己相應的客體相遇，仿彿他就是為這個人所打造出來的。在尋找另一半時，每個人都同時是潛在的接收者與行動者。每個人之所以打動對方，是因為自己身上擁有可以觸動對方的元素。

情感訊號，男女有別

在家族指婚中，婚姻的決定性因素已由文化、宗教、種族甚至金錢等明白宣告。然而，就一對因愛結合的伴侶而言，情感訊號佔據首要角色，而社會壓力則暗中掌控局勢。當一位女性因為某個不認識的男性，攪亂了她最敏感的部分，而感到心情騷動時，她會對自己增加些小動作企圖平息情緒，諸如：拉拉裙擺、撫弄頭髮、收起下巴、挺胸、抿嘴微笑等等。但這些以自我為中心的小動作中洩露了召喚對方的線索，她沒有發覺自己偷偷地注視對方、輕挑眉毛、瞇起雙眼，或是用手遮住嘴巴[10]，受到觸動的身體所呈現出的曲線也足以讓男人明白，她很樂意接受自己搭訕。男人感受得到，男人知道，但是他不明白自己是怎麼知道的，只有動物行為學的觀察可以說明這一切。他帶給她的情感是透過一種強烈的召喚表現出來：女人的瞳孔放大了，眼神因而顯得熱切，而男人清楚覺察這個訊號。男性對於影像較為敏感，他們接收這些身體暗示，並透過動作或言語做出回應；女人則對觸覺較為敏銳，兩人的第一次交談對她們來說就好比言語愛撫。

如果男人的瞳孔有放大反應，女性絲毫不會察覺[11]，反而是兩人第一次交談以及談話的方式對女性來說，會釋放出情感的蛛絲馬跡。在兩人相遇的當下，男性如何說出一段話，遠

10 參見西呂尼克，《情感食糧》（*Les Nourritures affectives*, Paris, Odile Jacob, 1993, p.17-49）及艾比斯菲德（I. Eibl-Eibesfeldt）《動物行為學。行為生物學》（*Éthologie. Biologie du comportement*, Paris, Éditions Scientifiques, 1972, p.428-452）。

11 參見勒蒙（P.Lemoine），《誘惑。愛如何降臨在人類身上》（*Séduire. Comment l'amour vient aux humains*, Paris, Robert Laffont, 2004）。

比他實際的談話內容來得重要。交談行為聯繫著雙方，以讓其他感官形式有機會開始將兩人連結。一般而言，是女性先觸碰對方，但她只觸碰社會普遍認可的部分。例如，在談話中，她會以指尖輕觸他的前臂；當男性說再見時，她把手攤放對方掌中；下次重逢時，則以細微的動作輕拍他上衣，彷彿僅僅是出於母性而這麼做；她身上的洋裝若有似無輕拂著他，然後，在擠滿人的空間裡，她的胸部不經意壓上被人群推擠的追求者的手臂。這些小小的觸碰代表她給予男性碰觸她其他地方的許可——那些較不符社會風俗、較私密的身體部位。

愛情邂逅絕非偶然。偶然是發生在為數有限的意義訊號的選擇。我們可以想像愛人們這麼說：「我遇見的他（她），擁有能夠與我的靈魂對話的部分。他（她）身體所透露的訊號，觸動我心靈深處，因為童年經驗讓我對那些訊號特別敏感。他（她）的訊息更容易傳遞給我，而不是其他人。」

初戀是第二次機會

情感模式因戀愛而有了轉變的契機

愛情關係最初的行動，來自過往情感模式所帶出的的身體暗示，而動物行為學的觀察，則試著解釋潛藏背後的依附型態如何在瞬間的癡情裡發揮影響力。

墜入愛河時的強烈感受，以及雙方情感模式的交互穿透，共同創造了一個敏感期，而這個時期所習得的經驗，透過探索彼此而產生的快樂，再度產生更為劇烈的影響。這讓早期痛苦的情感模式有了修正的可能，也使雙方幫助彼此充分發展。但也可能導致先前由脆弱織就而成的情感模式更為惡化，甚至破壞原先的安全依附。

這的確是一段敏感期，讓不同的經驗學習變成可能；同時也是生命轉折，通常會啟動自我修復的程序，但也可能反過來傷害原已建構了健全情感的個體。推動這段歷程往某個方向前進的力量，是情感模式的結合。過往的、語言之外的諸多力量，整合形成了一對伴侶的相處模式，如此構成的伴侶關係提供情感轉變的機會，雙方互相影響，使對方變得更好，或更糟。伴侶關係所提供的安全感，讓我們可以學會早期未能習得的安全依附型態，這可以說明，為何愛能帶來自我修復的可能性。以生物學觀點切入，愛情能帶來質變或方向的改變，強烈的情感以及荷爾蒙的分泌影響了腦部，建立了先前所沒有的神經迴路[12]，也讓所有利於在大腦中留下第二次印記的條件一應俱全。早期環境使人學會某種情感模式，並在生命中留下痕跡，之後，愛情關係則賦予年輕人第二次機會，讓他可以修正童年時期習得的負面自我形象[13]，甚至投入新的社會化模式，而停止惹事生非。[14]

這不僅是一段過渡期，毫無疑問地，也是生命的轉折處，有時甚至是徹頭徹尾的轉變，調和生物、情感及社會各因素，或愉悅或痛苦地踏上不同的道路。

因此，心理韌性與自我修復的理論必須關注我們觀察到的改變，並關注讓個體願意接受改變的情感與文化條件。在新的敏感期出現時，個體身上也留下改變情感模式的其他印記。這些轉變讓我們意外地學會情感維繫技巧，並建立了體會世界的不同方式。換言之，自身原有的情感模式引導我們走向某種型態的愛情邂逅，而這般邂逅又回過頭來，改變了原有的感情模式！

我們郵寄匿名調查，請願意回覆的受訪者回答問題，透過這種問卷研究，我們對一般大眾的性關係描繪出如下輪廓[15]：百分之十六未滿二十四歲的受訪者，以及百分之二十二超過五十歲的受訪者，在過去一年中沒有任何性行為；百分之七十年逾六十五歲的受訪者則已停止性生活；另外，百分之二．七的男性及百分之一．七的女性有過多次同性性行為。為了找出情感與性慾之間的關聯，我們注意到，未婚者有較頻繁的性行為，這點極易理解。此外，教育程度較高與伴侶的性愛關係又較冷淡的人有比較多的外遇邂逅，由此可見，生命狀態對於性生活的安排有其影響力。我們並非無端被丘比特的愛神之箭射中，祂只瞄準自願成為箭靶的人，所謂的偶然只發生在身處愛神之箭的發射路徑上的人身上，而不會彈射到兩側閃避它的人。相遇的原因，也是組成伴侶最根本的神話[16]，就決定了伴侶關係的特質、情感模

12 參見前引畢（H. Bee）、鮑依（D. Boyd），《發展心理學─生命中各個年齡》（*Psychologie du développement*, Les âges de la vie, p.298）及歐登（M. Odent），《愛的科學化》（*The Scientification of Love, Londres*, Free Association Books, 1999）。

13 參見勒康（J. Lecomte），《從童年治癒》（*Guérir de son enfance*, Paris, Odile Jacob, 2004）。

14 參見艾德（G. H. Elder），〈生命過程的發展理論〉（The life course as a developmental theory），收錄於《兒童發展》（Child Development, 1998, 69（1）, p.1-12）。

15 參見〈性生活活躍族群特徵〉（Les caractéristiques de la population sexuellement active），收錄於《研究期刊》（*La Recherche*, no 223, juillet-août 1990）及波佐（M. Bozon）、雷希東（H. Leridon），《性與社會科學》（*Sexualité et sciences sociales*, Ined, Paris, PUF, 1995）。

16 參見紐伯格（R. Neuburger），《家庭神話》（*Le Mythe familial*, Paris, ESF, 1995）。

式、以及承諾。由家族安排的婚姻，配偶關係的重要性已經在此文化下清楚明示，而年輕人也對於遵從集體規範感到驕傲。另一方面，出於愛情而結合的伴侶，共同生活的意願多半來自心理因素，儘管社會壓力力道仍不容小覷，影響卻因人而異。自由戀愛讓人擴大了可能的擇偶範圍，並減少對社會限制的服從。

情感火焰與家庭死水

一種無關性慾的觸電感覺

從小，每當喬治看到父親正照顧身旁小男孩，便油然生起強烈的溫柔觸動，令年紀小小的他覺得不可思議。他會一再重溫當時景象，因為這帶來愉悅。某日，喬治在雪地裡滑雪，當時霧濛濛的，他便在一個斜坡頂端稍作休息。視線下方，在灰白霧氣與雪花之中，隱約可見一位男性身影，想必是一位父親，正在整理小男孩脖子上的小圍巾。接下來，男孩跟在父親身後，而父親則繼續向前滑行，緩緩消失。這位父親身材壯碩，「壯碩」這兩個字必須特別強調，因為喬治感受到的喜悅正是來自於此。男子以他稍嫌粗魯的力量，維繫親子之間溫柔的關係。此後，喬治便常常在腦海中回顧這幕景象，並訝異於它帶來的快樂情緒。

喬治是在一個家人從不交談的冷漠家庭中度過童年。他的父親抓到一點機會就逃得不見人影，而安靜寡言、痛苦不堪的母親，則總是在小喬治試圖親近她時，厭煩地將他推開。他的妹妹極盡所能地破壞一切，並逃離家庭，早出晚歸。每日，他就在陰鬱與靜默的環境中度過。他妹妹完全學會了逃避型依附，對於母親不發一語，卻以強烈動作催促、命令她的舉動，她毫不反抗地承受。為了保護自己，她阻止自己去愛母親。她認為不能依靠任何人，因此學著不哭泣，並把自己關在封閉的世界中。

在一潭死水似的氣氛下，喬治細細品味家庭以外的環境中所能找到的情感流動，感受片刻溫暖。出門購物時，他會花上很長的時間與賣菜的店家交談，他也幫忙必須費力爬上四樓的鄰居老太太提鮮乳與拿報紙。他夢想著長大之後建立自己的家庭，家人間有說不完的話，滿室歡笑。青少年時期，他曾耽溺於這個幻想：他滑入一個睡袋，睡袋中有一個女人等著他，僅僅是肩併肩，被睡袋的羽絨溫暖包覆，就足以讓他無比幸福。在他出生的頭兩年，父母曾經把他交給一位個性開朗的保姆照顧，或許是因為在保姆家得到充分發展，安全型依附型態深植於喬治的記憶中，也讓他懂得人與人相遇的喜悅。妹妹誕生後，喬治的母親把喬治接了回來，留在家中照顧兩個孩子。此時，死水般的日常生活蔓延進他小小的世界，然而，小喬治仍保有美好人際關係的記憶，因此他到鄰居老太太家或是菜販那兒尋求一些溫情時光。只要有女孩們在的時候，他就覺得快樂，這或許也可以解釋他關於睡袋的那個幻想，因為性讓他想到可能的沉默、令人難以忍受的家庭，繼而感覺焦慮。他明白地對自己說，甚至重複想著，如果有一個女孩和他有了孩子，即使兩人在一起不開心，他也絕對不能離開她。

因為過度重視這樣的承諾，讓他裹足不前，視性行為為洪水猛獸，寧可避免。女孩們挺喜歡他，因為他長相俊俏、說話時語氣愉快，而且不會對她們做出輕浮的舉動。有些女孩其實覺得他不解風情，因為他總是舉止合宜，而不會回應女性釋放出的性暗示。

直到喬治在覆滿白雪的山坡上，看彪形大漢對孩子展現的柔情，他才如夢初醒，被深深觸動：「原來可以成為像這樣的父親呀！我夢想的就是這樣。」生命的偶然，讓他看見了此後成為他感情生活主軸的一幕：「如果有個女人可以讓我成為這樣的父親，性就有了意義，也不再讓我害怕。」由情感火焰與家庭死水交織而成的成長歷程，使得喬治渴望像這樣的父愛場景，儘管對於大部分與他同年齡的男孩來說，這個景象可能使他們發笑。

《少年維特的煩惱》中，偉勒對夏洛特的觸電感覺也無關性慾，他是在看到她為孩子們的吐司塗抹奶油時愛上她的：「我眼前突然出現出生以來看過最動人的一幕：她手上拿著一塊雜糧麵包，為圍在身邊的孩子們切成片，再一一發給他們。」[17] 偉勒和喬治一樣，都在現

17 參見歌德（Goethe），《少年維特的煩惱》（*Les souffrances du jeune Werther*），引自艾孫（P.-L. Assoun），〈愛情創傷。「維特情結」〉（*Le trauma amoureux. Le "complexe de Werther"*），收錄於《心理學家期刊》（*Le Journal des psychologues*, no 159, juillet-août 1998, p.31）。

實世界中，看見與心中強烈渴望的東西吻合的場景。這個片段成為一個重要事件，觸動他的內心深處，然而他的友伴可能會對相同場景嗤之以鼻。

現在就只剩要生個孩子了，而這不過是精子與卵子相遇的問題。然而，孩子自呱呱墜地那一刻起，就要在一個被撫摸、哄睡、餵奶、梳洗以及言語撫慰等不同感官元素組成的世界中成長。現在則是兩種情感模式交會以及融合的問題了。

愛的煉金術

將低賤的鉛轉化為純金，但有時也可能反向轉化

當一對伴侶形成時，兩人之間既要互相渴望，也必須互相愛慕。然而，在孩子成長過程中，上述兩種愛的方式的學習是分開、甚至衝突的，因為青少年只有對原生家庭以外的人產生渴望才感到自在。當年輕人變成父親或母親時，引導孩子成長的感官環境就由他們的情感模式結合而成。然而，某些組合會威脅到伴侶之一的個人整體性，某些組合則相反地可以讓人重新發展早期未能妥善建立的關係。[18]

18 參見克里坦頓（P.-M. Crittenden）〈依附關係、轉變與經驗〉（L'évolution, l'expérience et les relations d'attachement），出自哈比曼那（E. Habimana）、艾提耶（L. S. Ethier）、佩托（D. Petot）、圖希紐（M. Tousignant），《兒童與青少年的精神病理學》（*Psychopathologie de l'enfant et de l'adolescent*, Montréal, Gaétan Morin, 1999, p.86-88）。

假設「安全感先生」娶了「安全感太太」。他們會共同建立起輕巧的連結。這不代表兩人關係疏遠。他們深愛對方，甚至可能愛得極為深刻，但是這個連結依然很輕巧，因為兩人都在童年時期得到穩固的信賴感，這讓他們擁有探索對方、愛對方真實樣貌的快樂。這對伴侶會幸福地共享每一天，在有需要時短暫分離，並且雀躍地回到對方身邊敘述各自在社會上遇見的事。

「哀傷先生」不太有機會遇見「哀傷太太」，因為兩人都不會將自己置身在愛神之箭的軌跡上。受限於自身痛苦遭遇，他們永無休止地搏鬥著，以求能夠忍受當下，而不幻想未來。不過，「哀傷太太」有可能遇見「矛盾先生」，後者有著拯救女人的渴望。「害怕失去先生」也可能遇見「厭倦生命太太」，而且這個邂逅可以為他們帶來改變：「厭倦生命太太」穩定而單調的存在，為「害怕失去先生」帶來安全感，後者則為前者帶來活力。除了以上所述，伴侶組成還有其他可能性。

伴侶互為治療師

羅杭深愛著他的母親，卻又因為母親感到羞恥。母親很窮、年紀也大了、衣著不修邊幅，圍裙總是濕漉漉的。每當她來學校接羅杭時，羅杭總是要求她站得離其他年輕漂亮的媽媽遠一些。但是，他很喜歡縮在母親身旁，幻想有一日可以讓她幸福快樂。她不在的時候，羅杭很想念她，但為了不拿她與其他人的母親比較，他又把她推開。羅杭就帶著童年時期習得的這份矛盾長大，來到了青春期。每當有女人愛他，他先是將她推開，然後又發現自己需要她在情感上的持續支持，才能穩定下來。於是，他又打電話給她。在他以為自己失去某個女人的那一天，他向她求婚了。女人對生命毫無熱情，害怕出門，所有友誼聚會對她而言都是可怕考驗。她害怕生命，而他則為失去所苦：兩人於是組成穩固的伴侶。為了讓女人免於對生活的害怕，他負責處理社交問題，而她則向羅杭表明自己會一直在他身旁，讓他不必害怕失去。兩人相互支持，完成高等教育，並育有四個孩子。她無微不至地照顧這些孩子，因為他們給了她迴避社交活動的完美托辭。而他呢，慢慢地，受益於妻子在情感上給予的安全感，學會了悲慘母親所無法給予的信賴情感關係。當他終於被妻子治癒、變得有安全感時，也就是決定要離開她的時候了。

像這樣彼此成為對方治療師的伴侶並不罕見。只要雙方能夠重新調整互動模式，兩者關係就能持續。否則，一旦他們不幸變幸福了，雙方便再也沒有共同生活下去的理由。由於妻子持續穩定的情感，羅杭的內在資源被改變、增強了。多虧了她，他才學會了安全型依附，讓他有力量用另一種方式去愛……另一個女人！多虧了羅杭，她得以躲過社交焦慮，但也因此始終無法學會克服。如果羅杭不要那麼體貼、不花那麼多時間照顧妻子，不幫她解決那麼多的日常生活問題，可能反而讓妻子學習社會化。在這樣的情況下，兩人可能重新調整了情感互動模式，建立起較輕巧連結。

初次戀愛是生命的第二次機會，第二次戀愛是第三次機會，而後續一連串的戀愛則是運氣不佳，因為這些戀愛沒有給我們學習其他情感模式的機會。

現實不斷地改變，不論是動物行為學層面，或是生理層面。尤其是，某些情景或語言詮釋所引起的感受，都是真實的體驗。然而，我們可以針對現實做出回應，藉由攝影、繪畫、戲劇演出、思索或談論等，來探究、改變這個詮釋。自我修復的契機也在此。精神分析師將自我修復用於人際互動習慣上，同時它也可延伸到生命其他領域：「……回想之前無法觸及的事件經過，用以『消除』記憶。這個過程減弱情感刺激，預防不當的重複性回應，促進新回應生成……」[19] 依附理論為精神分析療法帶來另外兩項貢獻。依附理論與生物理論一樣強調修正記憶，並加上內在表徵與社會表徵。此兩項表徵是可以改變的。

從對方身上感受適合自己的信號

伴侶間不同情感模式的結合在最初幾次約會就已展開。兩人看見對方，各自期待那個人滿足自己某種需求或渴望：「（某種感覺）在記憶中的形象，與因需求而起的衝動的記憶痕跡相連結。當這些需求突然間又出現時，由於先前已建立連結，就會帶來一股心理衝動，努力想找回這個感覺的記憶形象……以重建第一次感覺的情境……這個感覺的重新出現就是其所渴望的實現。」[20]

也可以這麼說：「我在對方身上所感受到的，喚醒了我過去的印記，並且讓我渴望重新找回它們。我帶著對未來的夢想與須解決的課題，投入伴侶關係，帶著這些記憶、情感和渴望，我們簽下一紙不言自明的合約，而它將成為我們家庭生活的主軸。」

當「性冷感太太」遇上「性恐懼先生」，雙方立刻就接收到彼此的動作暗示，讓他們期待兩人的內在世界可以互相協調。「性冷感太太」成長於冷漠、逃避的家庭，因而學會這種一本正經的情感模式；「性恐懼先生」的哀傷童年，則讓他留下缺乏安全感的依附型態，從沒有人可以讓他放心。兩人的結合強化了這種情感學習，因為他們都發現對方表現出適合自

19 同上，p.90。

20 參見佛洛伊德（S. Freud），《夢的解析》（*L'Interprétation des rêves*, Paris, PUF, 1967, p.412）。

己的行為信號。[21] 他們結婚了，成了穩定、但是不快樂的一對伴侶，僅育有一個在他們寥寥可數、毫無愉悅的某次性行為之後產下的孩子。

不同情感模式的融合並不總是如此憂傷，有時我們甚至可以從這代價高昂的契約中獲得好處，如同「木腿先生」和「什麼都怕太太」所展現的那樣。「木腿先生」在戰爭中失去了一條腿，而他的妻子對於這一切的恐懼則將這個殘缺轉換為益處。因為他難以自由行走，「什麼都怕太太」數次對外宣告自己決心全力照顧丈夫的殘疾。她攙扶著先生，因為「木腿先生」僅能蹣跚前進；她總是記得為丈夫準備帽子，因為他不能曬到太陽；她每天為他送上柳橙汁，確保丈夫不會在當天晚上就撒手人寰；她請人外送食物，並且用電話訂購生活所需品，因為她必須寸步不離，否則木腿先生微弱的生命燭火可能就此熄滅。大家都十分讚賞這位女士的付出，神父甚至說她簡直可以封聖了！她的丈夫，被如此周全保護著，不僅活了下來，也因為沒有任何分心的機會，於是毫不間斷地投入工作，取得了崇高的事業成就。終於到了某一天，「什麼都怕太太」因為血管栓塞死亡。這下子木腿先生肯定要隨她踏入墳墓了，畢竟他的生命之火如此微弱……你這麼猜的吧！他的確悲痛萬分，但為了對抗悲傷，他買了一輛車，開始探索世界，沒有帽子、也沒有柳橙汁！

伴侶的結合是情感模式改變的時機

有時候，伴侶關係對其中一人的幫助，只會出現在那個人心理狀態不佳時。「非黑即白先生」很愛「與他相依太太」，但是他無法理解那些他稱之為「電路故障」的狀況。他之所以想出這個電學的比喻，是因為他是個化學家，對他而言凡事沒有模糊地帶，要不就是相愛，要不就是不愛，非黑，即白。不幸地，電流只有在「與他相依太太」感到焦慮時才會正常傳遞，而幸運的是，她強烈的焦慮感常常發作，這時候，她只有待在他身邊才能放鬆下來。她會投入他的懷抱，以雙臂圈住他，就像她小時候在母親身邊時學會的那樣。然而，焦慮感一旦解除，在他靠近時，她就覺得他像是陌生人，然後把他趕走。她只有在自己情緒不佳時才愛他，這也是為什麼，在某次一段很長的恢復期中，她提議離婚，但是隨後又因為她再也無法待在他身邊感到沮喪絕望。

「以我為主太太」嫁給了「以她為主先生」。琴瑟和鳴的這對組合羨煞周遭所有人，直到某天「以她為主先生」一次悲劇性的口誤為止。他堅持兩人相處沒有任何問題，說道：

---

21 參見鮑比（J. Bowlby），《情感與失去》（*Attachement et perte, tome I : Attachment*, Paris, PUF, 1978）。

「我太太和我，我們相互尊重。她，依照她想要的去做；我，照著她想要的做。」在這句不經意的表白後，是一陣長長的靜默。

「以她為主先生」試著減少對太太無微不至的呵護，但是他做不到，因為他在幼時學會極度令人絕望的情感模式，以致於他認為自己無法與一個人結為伴侶，除非他去照料對方生活。這個愛人策略雖代價驚人，但也為他帶來極大好處，因為他可以慢慢學習以較為輕鬆的態度去愛，接近安全型依附關係。

由此得知，情感上的轉變是可能的。童年習得的情感模式會形成日後人際關係的傾向，但並是不註定要阻擋愛的滋長。因愛結合的伴侶關係，是構成家庭的最小單位，也是我們改變過去情感模式的互動場域與有利時機：「這種關係模式，並不是雙方各自情感模式的相加……而應該是兩人共同的成品、創作。」[22]伴侶間共享一起創造出來的結果，並因此受益、或受苦。

22 參見德拉吉（M. Delage）、巴斯丁-弗拉曼（B. Bastien-Flamain）、巴耶-陸契尼（S. Baillet-Lucciani）、勒柏東（L. Lebreton），《依附理論在伴侶關係理解與治療的應用》（*Application de la théorie de l'attachement à la compréhension et au traitement du couple*, Toulon, à paraître, 2005）。

語言連結

交談方式的動物行為學觀察顯示：一加一從不等於二

一對「安全型」伴侶的互動有其特定模式。透過「隨目標而修正的伴侶關係」[23]以及「反省意識」[24]（譯案：相對於純粹意識）兩者，生命中無可避免的張力自會找到舒緩之道。也就是說，伴侶間會為了表達自己想法而交談，並相互協調以達成最終目標。

我們可以辨識出此種交談方式。「安全型」伴侶會來回和諧地對談，因為兩人都在對方的肢體上投注與其談話內容相當的注意力，傾聽另一個人說的話，而且在他說話時看著他。

23 參見葛林堡（M. T. Greenberg）、史培茲（M. L. Speltz），《依附理論對理解的貢獻》（*Contribution of Attachment Theory to be understanding*, Hillsdale, Erlbaum, 1988）。

24 參見伏那吉（P.Fonagy）、塔傑（N. Target），〈依附與反省功能在自我組織中的角色〉（Attachment and reflexive function, their role in self-organization），收錄於《發展精神病理學》（*Devolpment Psychopathology*, 1997, 9, p.679-700）。

他們可以輕易察覺對方的肢體暗示、語調加快、聲音壓低，並突然將目光轉向聽者，這些都意味著談話者準備讓出發言權。這段「動作——言語」的舞蹈證明這對伴侶和諧的情感，他們之間沒有衝突地在尋求解決方法。另一方面，由不言自明的互相修復關係所連結的「不安——焦慮型」的伴侶，在他們言談中展現出極不穩定的精神活動：喋喋不休的長篇大論、東拉西扯改變主題、失焦的談話主軸、自我中心行為，以及突然將注意力集中在與對話毫不相關的其他事物上等。許多時常打斷他人談話的人，也因此透露出他並沒有將注意力放在對方身上。他針對另一方在他自己身上引發的感覺做回應，他們不會與伴侶互相協調。他們之所以打斷他人談話，可能是因為害怕受到主宰，或是單純因為他們並不重視對方嘗試表達的內心世界。

某些「不安—逃避型」的人看起來一副漠不關心，因此身體僵硬、手勢也極少，同時惜字如金，談話簡短、冷淡，沒有音調或表情變化。他們過度控制的表現，顯示了情感狀態的痲痹，通常也給對方帶來沉重的感受。

至於「紊亂型依附」的人，他們的話語模糊不清，回應也時常文不對題，不相稱的手勢使得他們的談話內容晦澀難懂，因而加劇與人的距離以及自己的沮喪。[25]

談話方式顯露出內在世界，而在與伴侶相處過程中，則可能看到內在世界的調整。我們可以：

- 觀察邂逅之前習得的情感模式；
- 瞭解年輕人對愛情的想像；
- 分析出我們從對方身上察覺的有意義的訊號（signifer）是如何影響我們邂逅；
- 計算一對伴侶間互動的總和，結論從來都不是1＋1＝2。一對彼此交融的伴侶是1＋1＝1。安全型伴侶是1＋1＝2＋2。而一方獨佔型的伴侶關係中則是1＋1＝2＋0。

25 參見皮耶亨博（B. Pierrehumbert）、卡麥諾理（A. Karmanolia）、璽耶（A. Sieye）、米科維奇（R. Miljkovitch）、哈豐（O. Halfon），〈關係模式：成人依附調查的論述〉（Les modèles de relation : développement d'un autre questionnaire d'attachement pour adulte），收錄於《兒童精神病學》（*Psychiatrie de l'enfant*, tome I, 1996, p.161-206）。

學會愛的時機

墜入愛河帶來潛移默化的改變

既然我們有辦法觀察出雙方是如何將彼此潛移默化，我們便可以指出，因愛結合的關係如同簽下一紙協約，要從其中脫身，並不若投入關係時容易。我們會一再重複相同的愛人方式嗎？有沒有可能我們既離不開一個人，卻又無法和他共同生活？我們可能互相療癒嗎？或是因愛遭受創傷？抑或展現朝向自我修復的改變？

在大部分的情況下，愛情會帶來情感模式的改善。許多矛盾型或逃避型依附的人都增強了平靜程度，甚至趨向安全型依附。當然，故事並不總是美好的。如果「沒人愛我太太」遇上了「以我為主先生」，伴侶的愛會讓「沒人愛我太太」吃驚不已，以至於願意為對方奉獻一切，只希望稍稍留住他。「以我為主先生」提議「沒人愛我太太」簽下「以我為主」的協議，而後者會毫不遲疑地接受。感情穩定的這對伴侶也會羨煞所有人：丈夫充滿男子氣概，妻子則溫柔婉約。

兩人互相需要對方照料自己的療癒關係並不罕見。它如同一把雙面刃，有可能療癒，也可能撕裂對方。當「獨自一人太太」發現「缺乏情感先生」孤家寡人，她立刻飛奔去拯救他。他們給予彼此極大的幫助，互相為對方帶來安全感，而我們也因此可以看見，他們在日常生活以及愛人的方式上，都有長足進步。除了一點，他們因為過於互相依賴，而無法離開對方。我們也可以想像，如果有一方覺得不快樂，他可能會責怪對方不再照顧他。

我與「靠近我．我恨你先生」熟識。他娶了「我只愛自己太太」。兩人結合給人的感覺相當微妙。她談論自己的健康狀況、生活中的微小幸福與苦惱……於此同時，她的丈夫則默默地以諸如緊抿的嘴唇、不耐的眼神等細微表情，清楚表達他沉默的不悅。他跟隨著太太，形影不離，而一旦在對話中，妻子被排除外、沒有插話的空間時，是他會主動提問，好讓妻子可以談論自己的洋裝、前一晚睡眠狀況等。如果妻子不在身邊，他覺得自己被遺棄；她在時又覺得自己受對方主宰。就這樣，他自己去找她，給出主導權後又抗拒被主導。這個情況也可以從他們的交談中窺見一二。他們在一起的方式，讓他們持續相互摩擦地愛著。

在少數個案中，熱情導致真切的創傷，墜入愛河者感覺被一種他所無法承受的感情所淹沒。愛與創傷相伴而來是十分常見的，因為身在愛情裡的時光，是主體人格可能改變的關鍵時期。大部分情況下，我們都能安然無恙度過這個人生轉折，但是當情感強度足以撕裂這個遭受甜美衝擊的脆弱人格時，我們就可能摔得鼻青臉腫。

吉娜向我說道：「沒有痛苦的愛情不能稱為真正的愛情。這樣去愛讓我十分痛苦，但是如果我平和地愛他，我沒辦法感覺到自己對他的愛。平靜無波的愛讓我失望，只有毀滅性的激情才能給我愛他的證明，同時令我在愛他時受盡折磨。」在日常生活中，吉娜總是需要證明，而激情的苦楚為她帶來她所需要的，既殘酷又令人心安的確認。「愛情總讓我回想起幼年時期，當時我緊緊纏住母親不放，與她相處時，瘋狂地愛著她，她稍一離開，我就陷入沮喪深淵。我懷念讓心中充滿愛意的這份痛苦，也懷念它為我帶來的安全感。所以，我喜歡去愛。」吉娜學會了矛盾型的愛，並在她成年時透過對痛苦激情的渴求表現出來。她對伴侶的愛，就像一個人因為害怕溺水而緊抓著釘床。

我們曾追蹤一小群遭遇情感困難的青少年，並試著評估他們與父母的依附模式及初戀之後的發展。[26]整體而言，這些在個體情感發展上曾有困難的年輕人，在初戀之後情況都有了改善。即使不容易，他們還是學會以較愉悅、輕鬆的方式去愛。他們安全型依附的指數明顯提高。他們體會到閒聊、對自己有信心、接受對方對自己的影響、共同規劃未來、談論過去、創造某些增進兩人親密關係的儀式等等喜悅。[27]

愛戀時期，是人生中美妙又危險的轉折，有些安全型依附的人，以及更多的不安全型依附的人在此碰得滿身是傷。但是，那些成功度過這個時期的人，則有了正向的改變。

26 利用受到皮耶亨博（Blaise Pierrehumbert）啟發所設計的自我量表，請受測者勾選一到十的評分。量表包含四大題組，各十個問題。每一題組分別代表：安全型、矛盾型、逃避型及紊亂型依附。

27 參見西呂尼克、德拉吉（M. Delage）、布賽（S. Bourcet）、博藍（M.-N. Blein）、都貝（A. Dupays），《初戀後情感模式的學習、表達及改變》（*Apprentissage, expression et modification des styles affectifs après le premier amour*）。

苦自己所愛的人的苦

為對方在自己想像中所受的痛苦而飽受折磨

周遭親友會陪伴戀愛中的人度過這個人生轉彎，這表示，個人在愛情裡的愉悅和創傷，都是與家庭有相當關聯的。[28] 一九九六年十二月三日在巴黎郊區快線皇港站（Port Royal）所發生的攻擊事件中，有些現場目擊者並未遭受創傷，反而是他們的伴侶出現嚴重的創傷後症候群。[29] 這個現象在越戰期間已受到注意，當時未親身參與戰爭的雙胞胎之一，反而比實際參戰的一方更為難熬。同樣地，有些在貝魯特的北大西洋公約組織士兵發生了心理變化，甚至比起參戰的戰士更為巨大。甚至，也有些集中營囚犯的孩子，比他們的父母更為深刻地感受到集中營的恐怖。由此可知，感染、改變了與這些當事人親近的人的，並非創傷事件本身，而是事件的形象。在一些例子中，受傷者被親友關懷圍繞，他復原的程度有時甚至比身旁的親友還好，因為這些親友看似受到保護，其實被放任在想像中的恐怖裡。然而，在自己的想像中所受痛苦而飽受折磨的，必是太過設身處地為所愛的人著想的人。我們重新回到「以她為主先生」的例子，他只有在竭盡全力使妻子開心後，自己才能覺得開心。《孩童、父母與戰爭》（*L'Enfant, Les Parents Et La Guerre*）的作者米娜・嘉拿杰（Myrna Gannagé），是貝魯特經歷戰爭兒童及其家庭之精神醫學中心（Centre médico-psychologique d'accueil de l'enfant de la guerre et de sa famille）主任。她的研究受到安娜・佛洛伊德的論點和史皮哲動物行為學研究方法，以及對倫敦炸彈攻擊事件遭受心理創傷的兒童所做的追蹤研究所影響。嘉拿杰的研究證實，黎巴嫩戰爭期間，相較於成功克服戰爭傷痛的父母所養育的孩子，心理受創父母的孩子遭到了更嚴重的傷害。即使是被收容所或平靜家庭所收養的失怙孩

---

28 參見德拉吉（M. Delage），〈心理創傷的家庭影響。治療成效〉（Répercussions familiales du traumatisme psychique. Conséquences pour une intervention thérapeutique），收錄於《壓力與創傷》（*Stress et Trauma*, 2001, 1（4）, p.203-211）。

29 參見督薛（C. Duchet）、耶黑爾（C. Jehel）、圭爾菲（J.-D. Guelfi），〈關於一九九六年十二月三日巴黎郊區快線皇港站攻擊事件中的兩位受害者：創傷後的脆弱以及與困難對抗〉（À propos de deux victimes de l'attentat parisien du RER Port-Royal du 3 décembre 1996 : vulnérabilité posttraumatique et résistance aux troubles），收錄於《：醫學心理學紀事》（*Annales médico-psychologiques*, 2000, 158（7）, p.539-548）。

子，都比留在受創原生家庭的孩子得到了更好的保護。[30] 亦即，是家庭整體共同在承受或對抗、克服或深陷於心理創傷。一個人受傷的時候，他的家庭有百分之二十七的風險與他同陷苦楚；有二分之一的伴侶會在他們孩子不幸死亡的隔年分手；遭到強暴的婦女也常在事件發生後向伴侶提議分開，儘管丈夫與強暴事件毫無關聯。[31]

姍卓曾經當過保鏢。她喜歡打鬥，而且受過精良訓練，左輪手槍射擊的命中率更深受肯定。某天晚上，在護送完一位名人顯要之後，她決定步行回家。有個男人尾隨其後，攻擊她、並在一道窄門下強暴了她。在身體受制的情況下，她甚至沒有辦法拔槍。腦袋一片空白，在街上遊蕩了一陣子之後，她才慢步回家。男朋友等著她回來，並跟她說自己很擔心她的晚歸。姍卓的情緒於是爆炸開來，怒吼著自己對男人的憎恨，並趕走了一向共同生活、相處愉快的男伴。她落入了自己造成的孤獨沮喪，撥了通電話給母親，母親立刻趕到，並與她一起陷入哀傷。兩人至今仍飽受磨難。

歐黛和丈夫搭上遊輪旅行。短暫停靠在土耳其一個小港時，她下船獨自漫步。兩個男人抓住了她，並在一陣嘻笑中強姦她。她隨後飛奔投入丈夫懷抱，尋求庇護。丈夫一言不發，直接前往警局，然後尋找施暴者。渡輪再度啟航，異常沉默的丈夫用行為表現出自己對受傷妻子的關懷。幾個月後，他們的哀傷已消逝。

姍卓的自我意象因為自己當時既無法反抗也沒能拔槍而更加破碎。她一再說道：「我只是個女人」，然而在事件發生前，她毫無困難地展露自己可以在這個行業中勝任愉快。

被羞辱的歐黛，心靈受到創傷，走回船上時心想：「我的丈夫肯定不會想要被玷污的女人。」然而，她卻看到一個果斷的男人，分擔她的慌亂不安，然後以充滿愛意的舉動將她包圍。

兩位女性都受到相當大的打擊，然而卻因為身邊的人而有不同轉變。傷痕使得姍卓一家陷入痛苦，而歐黛的丈夫則修補了部分裂口。在兩種情境下，兩人的家庭都被迫面臨改變。只是，當姍卓家屈服於痛苦之際，歐黛家則敞開心房，鞏固伴侶間的互信，與對手奮力一搏。

30 參見嘉拿杰（M. Gannagé），《兒童、父母與戰爭。黎巴嫩臨床研究》（*L'enfant, les parents et la guerre. Une étude Clinique au Liban*, Paris, ESF, 1999）。

31 參見德勒克（M. Declercq），〈創傷後壓力症狀對家庭的影響〉（*Les répercussions du syndrome de stress posttraumatique sur les familles*），收錄於《家庭治療》（*Thérapie familiale*, 1995, 16（2）, p.185-195）。

瞭解，不等於療癒

愛人方式的轉向依社會結構而改變

既然家庭可以改變其成員的痛苦，文化也一樣，可以帶來截然不同的意義。在一個像西伯利亞這樣薩滿巫師（編案：指薩滿教神職人員，薩滿教為流傳於中國北側邊境、北亞、中亞的一種巫宗教）仍佔重要地位的社會，心理創傷病症並不常見。縱使現實帶來殘酷的體驗，讓人難以承受，然而幾乎就在受傷當下，由薩滿組織而成的團體立刻藉由一些神奇的儀式圍繞著創傷者，幫助他重返社會。也就是說，這是透過歌唱、舞蹈、化妝以及咒語等控制厄運，藉此驅除惡靈，使傷者奪回被意外事件擊碎的內在主導權。創傷事件確實存在於現實中，就像一個傷口，有時可能很嚴重，但是來不及造成創傷，因為傷口立即受到圍繞身旁的團體成員醫治，同時被融入文化傳說中。

美國在二〇〇一年九月十一日遭到攻擊之後，也出現類似現象。紐約人向來不被認為是親切的一群人，有個刻板印象是這樣的：「如果有人倒在路上，大家會跨過他，以免上班遲到。」但就在雙子星大廈起火倒塌，帶來難以置信的恐懼瞬間，團結精神被激發了，家人、朋友甚至陌生人都趕來幫助深陷困難的紐約人。先前從未看過有如此多的餐廳在街邊擺起桌椅，免費供餐，好讓救難人員可以在投入另一場戰鬥前稍事歇息。全世界都試著瞭解當時狀況、擬定計劃對抗……甚或反擊。在現實中，此事件的衝擊極為劇烈；然而，攻擊事件後的幾年間，紐約文化改變了：人們互相交談、邀請對方、互助，而且創下自一九三〇年以來最低的自殺率！西伯利亞薩滿以及紐約餐廳的店家，都讓我們深切瞭解社會文化對於創傷的深厚影響。

相較於今日，過去我們從未如此關心孩子，也不曾如此深入瞭解他們的內心世界，然而，現今的孩子卻表現出前所未有的沮喪與焦慮。所有人都對此感到驚訝，但他們只要明白，瞭解並不等於療癒，也沒有不需付出代價就可以達成的進步，情況就清楚了。不太久以前，科技尚未讓我們將感覺世界的抽象化，身體——而非機器——仍是我們對現實做反應的主要工具。當時，男人下到礦坑中，以他們的臂膀和雙手建構社會，女人則大量投入農田及工廠工作，並在腹中孕育未來的士兵、工人、農夫或小公主，延續這個社會文化。今日，懂得操作機器的的人也操控著世界，這項成就最終造成了感情極度淡薄的虛擬人際關係。中世紀時期，人們活在充滿表徵的世界，也使得當時的人更易於承受孩子的早夭或是頻仍的饑荒。今日，得利於技術進步，我們更能掌控現實，但是男人不再能夠將工作成果作為禮物獻給妻子，因為女性已能賺錢養活自己。女性也不若以往擔負如此重的家庭黏著劑角色，因為她們已無法接受犧牲自我。這些進步使得我們，無論性別，都更能掌控現實打擊，並使個人自我成長。然而，人際連結的弱化是其副作用，因為每個人都不再那麼需要另一個人才能存活或成長。當今科技與文化的進展，使現代人免除了一大部分的實質創傷事件；只是，因為消除「薩滿作用」，當我們遭逢不幸時，也降低了掌握創傷事件後心理發展的能力。

關於個人發展的另一個副作用則是雙親角色的弱化。僱傭制度以及各種毫無疑問的進步，為男性帶來極舒適的環境，也給女性充分自由。在瑞典，社會階層較不傾向於以能力作區分（以能力區分者，專家在上層，較不具專業技能者在下層）。我們在這樣的社會中觀察到，男性在私人企業有較好的個人發展，而女性則在如公立醫療體系、公家機構等穩定的僱傭體制中有較佳的社交關係。[32] 也就是說，受到創傷時，這個讓男性感到安全卻麻木的僱傭體系是較能保護女性的。而這樣的階層開放狀態，調整了自我修復的支柱，同時將之性別化。

父母角色的轉變改變下一代成長環境

近三十年來，伴侶關係與父母角色的轉變，徹底改變了下一代所身處的家庭結構。孩子們的感官世界、日常節奏、父母投注給他們的心力等都已大不相同。五十年前，小女孩來到世上的目的是為了支撐起家庭生活，而在沒有退休年金的社會中，小男孩則被視為父母老年的支柱。時至今日，嬰孩不再被如此看待，親子關係已經改變，孩子不再是父母的延續，反而是他主導整個家庭、每日生活節奏、外出、假期以及遷居等。越來越不穩定的新式家庭結構造就出多重依附的體系。這個體系有時對孩子是好的，可以讓他逃離粗暴或是心理受創的的父母親，但是也可能讓他身邊出現一些僅有短暫連結的成人，使得他無法習得穩定情感關係。

這種愛的模式其後的發展並無定論。將個人人生探索視為優先價值的社會團體、家庭或個人，勢將捍衛此種情感模式。然而，對自主未來感到焦慮的人則發現，由成人提供年輕一輩有限選項的「現代型態」家族指婚有其優點。年輕人可以與宗教、社會或種族團體內部指定的幾個對象相遇，從而保有團體歸屬感。另外，藉由對長者的敬重、接受他們的價值觀，

32 參見博朗（A. M.-Blanc），〈孕產婦和兒童保護中的女性：女性地位在當今社會的爭論〉（Les femmes dans la protection maternelle et infantile : une problématique de la place de la femme dans la société actuelle），出自《艾克斯—馬賽第一大學社會科學博士論文，2000年1月》。

同時由長者那兒獲得情感或物質上的幫助等，得以強化不同世代之間的連結。

選擇什麼樣的擇偶策略，要看我們所處的社會脈絡而定。當自主發展有困難時，歸屬於團體會帶來安全感，這個方式明確指出應遵循的道路，並且只需要從一群選定的可能伴侶中做抉擇就好。然而，當社會狀況改善、工作較輕鬆、居住容易取得、道德規範寬鬆時，親權力量變成年輕人追尋自我成長的羈絆。這個悖論並不自我衝突，因為我們已瞭解到，親情是讓年輕人有力量逃離家庭束縛的安全基礎。在較為富裕的社會環境中，衝突成為一種對自由的期望[33]，但在艱困的社會裡，我們則傾向順服於家庭的整體幸福，家庭是我們的避風港，保護、引導著我們。然而，在風氣開放的文明中，讓年輕人有力量邁開腳步離去的家庭，若不願將孩子們交付給另一個能夠接納他們的社群，最終將成為一種羈絆。

---

33 參見阿姆斯丹（G. E. Armsden）、麥考雷（E. McCawley）、葛林堡（M. T. Greenberg）、博克（P.M. Burke），〈青春期早期的父母與同儕依附及憂鬱症〉（Parent and peer attachment in earlier adolescence and depression），收錄於《異常兒童心理學雜誌》（*Journal of Abnormal Child Psychology*, 1990, 18, p.683-697）。

Parler d'amour au bord
du gouffre

第五章

繼承地獄

記憶與罪惡感

談創傷事件的現實與周遭言論

我們傳承給下一代的東西是全面性的，包括各種有益或有害的影響。孩子在不知不覺間從父母身上學習，未經理解便將之內化。傳遞是如何進行，又讓身處其中的人內心世界有什麼改變？這是個難解之謎。我們經常遇到一些孩子，他們的父母或祖父母是受過創傷的。在研究這些受創父母及其子女的發展時，我們可以試著釐清這個問題。

有二十萬名曾受納粹迫害的倖存者現居以色列。在猶太人大屠殺的年代，他們還十分年幼，但是仍可評估他們在五十年間是用什麼方式走過巨大創傷。大部分人（百分之九十）都是在東歐度過幼年時期，生於富裕、高知識水準的家庭。[1] 戰爭爆發時，十四、十五歲的大孩子，年紀輕輕就成為抵抗軍（百分之八），三分之一的孩子被送往死亡集中營，百分之五十九的孩子則被藏匿起來。

在集中營裡倖存下來的孩子，終生鬱鬱寡歡；被藏匿起來的孩子也經歷類似的生命歷程。他們受到戰爭的實際傷害較輕微，但是人格卻始終在無法表現自己的情況下發展：「如果你說出自己是誰，你會死，愛你的每個人也都會因你而死。」很多集中營倖存者，在承受現實的可怖之後，接著又感受到禁止他們為此發聲作證的社會氛圍：「發生在你身上的事件非常可怕、令人作嘔，不要再談論它了，你應該展開人生新頁。」在上述兩種情況下，長大成人的生還者仍持續對這個刻劃在記憶中的形象做回應：「你很危險、令人作嘔。」對他們而言，戰爭結束不過是另一種不幸的開始。

參與抵抗活動的大孩子則很少受到長期憂鬱所苦。在記憶中，他們賦予自己勝利者的形象，儘管曾經受苦，他們卻感到驕傲，這種感覺使他們在不幸中仍保有歡愉。

不論創傷時間的長短與成因，成功走出創傷的人幾乎都有下列兩項特點：罪惡感和超記憶（hypermemory）。十分耐人尋味地，罪惡感幫助他們社會化，因為他們變得對世界上的

1　參見羅賓森（R. Robinson），〈童年經歷大屠殺倖存者的現況〉（The present state of people who survived the holocaust as children），收錄於《斯堪地納維亞精神病學學報》（Acta, Psych. Scand., 1994, 89, p.242-245）。

不幸異常敏感，唯有投入社會抗爭才能平息內心煎熬。所以，他們閱讀、與人交流、感到生氣、愉快、被愛，因而累積了許多自我修復的元素。如果這類活動在孩子的成長環境遭到阻礙，孩子很難發展心理韌性。

心靈受創者的超記憶，要不是成為一種後遺症，就是變成人格上的優點，端視家庭或社會環境如何允許個人去運用它。當環境阻礙個人改變這個記憶，受創者就仍持續為過去所困，被事件所引起的強烈情緒意象佔據腦海，說明了他們為何日思夜夢、一再重現那些可怕的景象。然而，若是家庭、社區或文化讓受創者有表達自己的機會，這個超記憶能添補細節，透過想法、藝術創作或哲學活動再現，並在賦予受創生命某些意義時，也帶來寶貴的自我修復元素。如果我們進一步檢視創傷事件超級記憶以外的部分，則會發現一片模糊，因為被襲擊而嚇傻了的個體，不像具有安全感的孩子那樣頭腦靈活。心靈受創者或屈服於自身過往，或是利用這段過去讓自己從中解放。必須從二者擇一：重蹈覆轍或是掙脫。

傳遞痛苦，還是開啟修復[2]

談反常的成就與敘事模式

當我們對悲劇發生之後五十年間的生命狀態做總檢視時，我們觀察到，大部分的倖存者仍然建立了家庭、重新融入社會，儘管他們內心世界仍不時受痛苦侵擾，生命模式也很獨特。然而，令人十分訝異的是，內在的困難並未阻礙他們在社會上取得可觀成就。或許正好相反，必須從恐懼中掙脫的強烈意志，反而帶給他們超乎常人的勇氣。他們為了避免沉淪而奮力搏鬥，這幫助他們取得了相當的社會成就，與受著痛苦的內在狀態分離。

極度優異的學業表現也可能來自這種防衛機制[3]。焦慮的孩子只要把頭從書堆中抬起就

2 參見M.-P.Poilpot主編，《受苦，但自我建構。童年的基礎》（*Souffrir mais se construire. Fondation pour l'enfance*, Ramonville Saint-Agne, Érès, 1999）。

3 參見布泰爾（E. Bouteyre），《移民後代的社會成就與修復》（*Réussite et résilience sociales chez l'enfant de migrants*, Paris, Dunod, 2004）。

覺得難受，受虐的孩子只有在學校才能重拾自尊，被遺棄的孩子只有在上學時才覺得被愛，外來移民的孩子也只有靠著在社會上功成名就才能讓父母所受的磨難有了價值。諸如此類病態的勇氣，解釋了他們如影隨形的內在困難，及其社會上的成功。這種矛盾的成功是他們心理防衛機制的附加好處。許多具社交焦慮、膽怯的人，只有在學校領域或其他制度下才覺得自在。這種適應方式可以帶來學業或事業上的成功，但不能稱之為自我修復。談到自我修復，必須對自己看待創傷的方式做情感層面的改變。但前述因為要適應創傷而獲致的矛盾成功，卻沒有改變創傷表徵，不僅談不上是自我修復，這種防衛形態甚至會在日後讓創傷重新浮現，因為當事人雖然自以為早已將創傷淡忘，但其實只是暫時避開或埋藏而已。因此，如果個人的內在狀況可以與引導邁上修復之路的周圍環境或文化連結，在創傷事件導致的心靈瀕死之後，重新找回生命力便成為可能。具備心理韌性而能自我修復的人，對於即將在他的影響下成長的孩子而言，便成了奇特、有趣、令人掛心的父母。

現今有一種既屬語言學亦屬動物行為學範疇的研究方法，可以觀察這類父母的內心世界，以及他們如何引導孩子成長。這並不是一種思想傳遞，而是父母的心理狀態會帶給孩子獨特的成長方式。

瑪麗．緬（Mary Main）是首位嘗試此論述的學者。靈魂時間與世界時間[4]不同，但是我們談論時間的方式會解讀出靈魂的一小部分，並將之帶進世界中。這正是為什麼這位語言學家首先從分析懷孕婦女的敘事結構著手。十二個月後，她觀察到這些婦女所產下的孩子如何和她們建立情感交流，十八個月後，她試著瞭解這些孩子與父親的依附關係。[5] 結果十分明顯：母親的內心世界、她說話的方式讓我們得以預測孩子會如何學習愛人。但是，單單是父親的存在就足以改變這個愛的模式。

大體而言，有四種將靈魂片段與現實事物的世界連結起來的敘事模式：

- **「自主—安全」**（secure-autonomous）型談話中，語意記憶與情節記憶相符，以字句描述適切的影像回憶：「當時，我很喜歡母親叫我整理出門度假的行李。」

4 參見吉貝（M. Gilbert），《敘事認同》（*L'Identité narrative, Genève*, Labor et Fidès, 2001, p.37）。

5 出自瑪麗・緬（M. Main）、卡卜隆（N. Kaplan）、卡西迪（J. Cassidy），〈嬰兒期，兒童期和成年期的安全感：表徵層次的形成〉（Security in infancy, childhood and adulthood : a move to the level of representation），參見布列瑟頓（I. Bretherton）、瓦特思（E. Waters）主編，《依附理論及研究的生長點》（*Growing point of attachment theory and research*），收錄於《兒童發展研究協會專著》（*Monographs of the Society for Research Child Development*, 1985, 50（1-2, Serial no 290）, p.66-104）。

- **「分離型」**（dismissive）談話將語意記憶與事件記憶隔開。語言表徵可以與圖像表徵分離，例如：「我的母親很好……她去旅行時把我關在房間裡。」
- **「焦慮型」**（preoccupied）談話，因為過去的痛苦而提心吊膽：「我總是想起曾經發生在我身上的事，我又看到自己在壁櫥裡，還有母親準備出門度假的影像，我試著瞭解這一切。」
- **「紊亂型」**（confused）談話，遲鈍的，由混亂的影像和字句表達，在現實中顯現出困惑的靈魂碎片：「母親和我在壁櫥裡離開，去度假，沒有我。」

一年之後，在標準化情境下觀察這些孩子，以瞭解他們的愛人方式。他們大致表現出四種情感模式：6

- **平穩型依附**（serene attachment）：如果他們的母親在十二個月之前，也就是他們甚至尚未出生時，表現出安全型談話模式。
- **逃避型依附**（avoidant attachment）：如果母親之前表現出分離型敘事模式。
- **矛盾型依附**（ambivalent attachment）：如果母親以焦慮的方式說話。

● **紊亂型依附**（confused attachment）：如果母親呈現混亂狀態。

由此可見，傳達給孩子的不是母親的內心世界本身，而是以語言形式呈現的靈魂碎片，它構成孩子周圍的感官世界並教給孩子某種愛的方式。當這些語言行為情境在孩子有著生理超記憶的成長期不斷出現時，母親談話的方式就引導著孩子的情感學習之路。

6 參見安思沃、布雷夏（M. C. Blechar）、瓦特思（E. Waters）、沃爾（S. Wall），《依附模式：在家庭特殊情境下的評估》（*Patterns of Attachment : Assessed in the Strange Situations at Home*, Hillsdale, Erlbaum, 1978）。

親密的世代心理傳遞

行為傳遞出靈魂的片段

將一方的部分心靈世界傳遞給另一方，並使其深受影響，是很早之前就已在動物身上發現的行為。母獼猴若在幼猴時期被隔離，她所經歷的情感剝奪劇烈地改變了她的成長。到了發情期，費洛蒙驅使她受到性的吸引，但是缺乏撫愛的成長歷程讓她沒有機會學習有利於兩性邂逅的互動模式。雄性的出現會激發她，讓她接近他們，但是，她又因為自己沒有能力與他們展開互動而喪氣，於是張嘴咬他們，或是避而遠之。因此，她被抓去進行人工授精了。數個月後，剛出生的猿猴寶寶無法與母親分離。他跟在母親身後，緊緊盯著媽媽，注意每一個最細微的動作。但深愛著脆弱母親的小猴無法學習玩耍，也就不能在小獼猴的世界中社會化。因而，輪到他進入青春期時，費洛蒙使他受到性的驅動，接近吸引他的母猴，然後咬傷她們或逃開……就跟母親在他出生前的行為一模一樣！[7] 如果僅僅直接觀察小猴子的病理行為，我們永遠也無法理解牠的問題源於母親幼時遭遇的情感匱乏。換言之，就連在動物身上，要回答世代間的傳遞問題，也必須進行縱向觀察。

數年之後，另有研究證實了飼主的心理世界可以形塑其寵物的行為。[8] 有對年輕夫妻買了一隻活潑的大麥町犬，然後又領養了長毛流浪狗「比比」。純種大麥町始終支配著比比，直到這對飼主離婚後，情況有了轉變。在偏愛活潑大麥町的女主人家，比比依然任由自己被支配，在受寵的大麥町吃飽後才進食、睡在遠處角落並在大麥町經過時讓出路來。然而在偏愛比比的男主人家，兩隻寵物的關係完全逆轉，是大麥町低下頭來、夾著尾巴、吃較差的食物、無端就受到細微的動靜驚嚇、尿失禁並和比比保持距離。可見，人類世界的內心表徵能夠不經言語，由生物間的互動為媒介，在不同身體間傳遞，並對狗的情感世界產生作用，幫助或限制其發展。

7 參見哈洛（H. F. Harlow），〈愛的誕生、毀滅與失而復得〉（Love created, love destroyed, love regained）出自《人類行為的動物模式》（*Modèles animaux du comportement humain*, Paris, Éditions du CNRS, 1972, p.27 & 49）。

8 參見西呂尼克、西呂尼-吉利（F. Cyrulnik-Gilis），〈無意識欲望傳遞的動物行為學。以「比比」為例〉（Éthologie de la transmission des désirs inconscients. Les cas "Pupuce"），收錄於《心理演變》（*L'Évolution psychiatrique*, 1980, t. XLV, fasc. III, p.553-566）。

同一時期，家庭研究的專家發現某些影響會世代相傳，影響或好或壞，以「負債」或是「忠誠的衝突」[9]的形式出現。人類世界似乎由一連串力量組成，這些力量出自於某一個人的內心世界，而能夠改變另一個人。「精神分析學家耗費極長一段時間才將此（跨代傳遞）概念融入研究模型中，成為整體研究一部分。」[10]

父母的精神狀態、性情，以及讓他們或開心或憂傷並因而賦予了每個物體或事件個人意義的過往經歷等，都同時建構起孩子的自我形象，這樣的觀點時至今日已受到廣泛認同。人際交流不是一種思想傳遞，而一個人的各種內在表徵可以改變另一人看待自己的方式。這樣的傳遞是透過情感依附而發生，經由包括極細微的手勢、表情以及敘事方式等，賦予情感傳遞的力量力量。[11]

許多實驗結果皆證實此論點[12]，而我們現在也已經瞭解到傷痕或傷痕的修補是如何跨世代傳遞。

精神世界的傳播藉由母子間的互動儀式而傳遞。事實上，所有依附對象都有此權力：父親、手足、朋友及所愛的人都能夠改變孩子原有的情感模式，是增強或摧毀它，端看融合了多少種不同的情感模式。當父親說起自己與父母的過往關係時，他其實是在敘述自己如何學會愛的，由此，也得以預測他未來將會用什麼方式對待自己的孩子。由手勢、笑容、語言聲音所構築的感官環境，讓孩子浸淫在一系列有意義的訊息與符號（signifer）之中，從而，將父親的過往經歷裡那些能夠被覺察的部分具體化，並植入孩子記憶中。

9 參見伊凡納吉（I. Boszormenyi-Nagy）、伏萊墨（J.-L. Framo），《家族心理治療》（*Psychothérapies familiales*, Paris, PUF, 1980）。

10 參見荀樂斯（B. Golse），〈跨越世代〉（*Transgénérationnel*），收錄於前引胡澤（D. Houzel）、艾曼紐（M. Emmanuelli）、默吉歐（F. Moggio），《兒童與青少年的精神病理學》（*Psychopathologie de l'enfant et de l'adolescent*, p.743）。

11 參見史坦（D. Stern），〈隨著時間推移的人際交流、敍事與連續性〉（*Intersubjectivité, narration et continuité dans le temps*），出自法國兒童及青少年精神病學協會日「溝通與障礙」（Journées SFPEADA, « 'La communication et ses troubles ', Caen, 14 mai 2004）。

12 瑞克（Ricks, 1985）、葛斯曼（Grossman, 1988）、伏那吉（Fonagy, 1991）、瓦德（Ward, 1995）、瑪麗・緬（Main, 1996）、澤那（Zeanah, 1996）。

愛人方式的傳遞

一個想法隨著表達情感的動作慢慢成形

在這種傳遞中，很難確切指出單一原因會造成某一結果。母親的創傷可能帶給孩子某種印象，此印象隨後因父親的過去而有所改變，繼而又是家庭或周遭親友的情感反應，最終是整個文化，讓此創傷的敘事有所改變。上述每個因素都造成一種壓力，並留下某個記憶痕跡，此印記的深淺力道則取決於依附模式及親疏關係。如果麵包店師傅說她不喜歡我，我可能有短暫的幾秒會不開心，但如果是我的妻子說出一樣的話，後果則嚴重得多。

這亦解釋了，各種情感並不以相同方式傳遞。當我們觀察一群焦慮型敘事模式的母親建立連結的方式時，我們輕易地就注意到這群女性持續處於警戒狀態，並對自身過往感到擔憂。但是，同時必須特別觀察到，並不是所有孩子都會被影響，為數不少的孩子，即使在痛苦、焦慮的母親身旁，仍得以習得平穩的情感關係。[13]

有兩種母子連結是以強而有力的方式傳遞的，分別是安全型依附與紊亂型依附。前者，孩子愉悅地成長，而後者，所有訊息都造成憂鬱。其他依附類型的傳遞則較為薄弱，因為在孩子周圍，父親、姊姊、阿姨、學校友伴、神父、運動教練等都能提供孩子另一種建立關係的模式，他可以緊緊抓住這些機會，避開傳遞的宿命。這個建立新的關係模式的任務，在平穩的氣氛下可以幾乎不被察覺、十分容易地進行，但到了憂鬱家庭中，就令人痛苦萬分了。

不過，由於孩子周圍有建立其他關係的可能，仍有機會產生修復性轉變。[14]且不提母親對孩子的情感表現會受到她與丈夫的關係影響，即使日常對孩子的起居照顧事務中也會。溫尼考特就說：「要幫助一位母親瞭解自己『扶持』（holding）的能力，只需要以一種肯定母職自然本質的方式關心她即可。」[15]溫尼考特的這段話讓我想起一位曾遭父親嚴重虐待的女士。她說自己在生下男孩的那一刻感受到一股強烈焦慮，因為，根據她的說法：「我在兩腿間看

13 參見伏那吉（P.Fonagy），〈以代際認知科學角度看心理表徵〉（Mental representations from an intergenerational cognitive science perspective），收錄於《兒童心理健康期刊》（*Infant Mental Health Journal*, 1994, 15, p.57-68）。

14 出自瑪索（C. Mareau），〈潛在病態母-子（女）關係中的自我修復機制與能力的選擇性運用〉（Mécanismes de la résilience et exploitation sélective des compétences au sein d'une relation mère-enfant potentiellement pathogène），參見巴黎第五大學博士論文，二〇〇四年六月。

15 溫尼考特（D.W.Winnicott），《從兒科學到心理分析》（*De la pédiatrie à la psychanalyse*, Paris, Payot, 1971）

見自己父親。」這個例子清楚闡明我們如何回應當下的覺察（正在出生的孩子），我們把它與深植記憶的自我形象（受虐的童年）做連結。這位女士隨後補充道：「我單獨和孩子在一起時，老是想起父親，然後為了自我防衛，粗暴地對待孩子。但是，只要我丈夫在場，便足以讓我意識到自己是他的妻子，而我看待孩子的方法也不同了。」

從這個觀察中可以得出結論，家庭系統若具備多重依附的文化，能提升給孩子的情感保護，並且讓他在遭遇不幸時較有修復的可能。需特別注意的是，切勿將穩定、予人安全與活力，既成為日常習慣同時又使人振奮的多重依附關係，與僅僅一群來去不定、無法發展出依附關係的人混為一談。變動不斷的環境無法給孩子足夠的時間將某種關係模式嵌入記憶，關係模式必須藉由不停地重複，才能形塑出孩子的人格。不穩定的結構造就不安全型依附的可能性較大，換言之，提攜孩子長大的必須是一群年齡、角色雖然不同，但是感情與規劃一致的成人。

情感牢籠直接傳遞創傷

由此，我們可以看見一個由一群英國心理分析學家所提出的架構。[16] 如果孩子被混亂的情感所圍繞，紊亂型依附將深植他的習得過程。相反地，他若是在情感牢籠下成長，則是母親或其他依附對象的創傷會直接傳遞、填滿孩子的腦海。

盧太太經歷過可怕的童年，父母酗酒，每天拳腳相向，也毆打小孩，沒有一天例外。盧太太常說：「我討厭男人」，因為她認為男人是所有不幸的根源。她為了懷上孩子才與男人有性行為，次數寥寥可數。她這麼做，只是因為想要有個小孩，期待帶給她所有幸福快樂。一懷孕，她就把提供精子，那個不能被稱之為「父親」的男人趕走。之後，自己一人，就像她想要的那樣，獨自與這個帶來希望的孩子相依為命。小女娃一呱呱落地，焦慮萬分的母親就尖聲辱罵照護人員：「快點！快做點什麼呀！你看她都快死了！」寶寶很漂亮、看來身體健康，跟其他初生嬰兒一樣呼吸、吸奶、睡覺，但是她的母親將自己對死亡的恐懼投射到她身上，並對於自己所看到、投射出來的一切感到恐慌。頭一年，是一段充滿熾熱愛意的時光，母親的生活圍繞著嬰兒打轉，時而感到強烈幸福，時而又因為孩子一點輕微感冒或消

16 參見伏那吉（P.Fonagy）、M. 斯地（M. Steele）、H. 斯地（H. Steele）、莫藍（G. S. Moran）、希吉（A. C. Higgit），〈理解心理狀態的能力：在母親與孩子身上的反應自我及其對於安全感的意義〉（The capacity for understanding mental states : the reflective self-parent in mother and child and its significance for security of attachment），收錄於《兒童心理健康期刊》（*Infant Mental Health Journal*, 1991, 12（3）, p.201-218）。

化問題而極度焦慮。小女孩三歲多的時候，母親哭著打電話給心理醫師，因為孩子打了她一下，而她不知道該如何回應。小女孩在十歲的時候說過：「我肚子痛，希望很嚴重。」十二歲時，她說：「我想跟媽媽一起死掉，但是我希望有個男人來殺死我們。」所幸，在女孩青春時期，盧太太的姊姊在兩人悲劇性的連結之間製造一些緩衝。她本身雖也遭到虐待，但是之後朝向自我修復的路成長。這個絕望的母親在孩子身上看見自己僅有的生存希望，但她所打造的情感牢籠，幾乎使得思想觀念傳遞下去。為了與自身情感困境對抗，母親投注過多心力在這個希望之子身上，幻想與他共享完美無瑕的愛。這個母親的表徵為孩子帶來「催眠型關係（relation hypnotique）……一種貨真價實的印記……由此在心理上構築起專屬兩人的關係」。[17] 然而，這種具排他性的印記，使得一丁點分離都帶有被遺棄的絕望。那位母親說道：「我不希望她學會說話，這會把她帶離我身邊……我不希望她有朋友，我要她只愛我一個人……我不希望她去上學。」如果是安全型依附的母親，看到女兒能夠離開她羽翼保護，在其他地方成長，應該會感到高興、如釋重負。而盧太太懷中緊抱著女兒時，她雖感到強烈幸福，只是，這份狂喜也因為孩子想要說話、想要上學，而同時喚醒被遺棄的焦慮。這種愛的方式會將母親的想法傳遞給孩子，因為被愛囚禁的孩子沒有機會遇見另一種依附模式，好讓他逃離母親那令人畏懼的愛。因為兩人身體上的相依，這個印記也就由一個靈魂傳遞至另一個靈魂，沒有擺脫的機會。

只要能夠向另一人傾訴，好讓自己後退一步抽離開來，經由語言交流，就可以創造出情感距離和遠觀視野。談話的方式構成了感官環境與一系列有意義的符碼（signifers），透過與交談者建立的溝通頻道，深入影響孩子。這個環境只有在極少數情況下是獨斷的。絕大部分情況下，母親和孩子都還有其他深愛的人，因而避免了情感禁錮，而是有如星座一般的依附網絡保護著孩子。相反地，混亂的母親在情感禁錮情況下，有百分之九十的比例會傳遞給孩子紊亂型依附。至於安全依附型的母親，則只有百分之七十五的比例會傳遞安全型依附給孩子，除了父親有可能會在孩子身上加諸較不利的印記外，家族中的姊妹或其他成員也可能使孩子面臨較困難的人際連結。另一方面，逃避型或矛盾型依附的母親更只有百分之五十的比例會傳遞相同的人際關係困難給孩子。這是因為孩子與母親相處時感覺不自在，便自然而然尋求另一個依附對象，在其影響下成長。情感傳遞是一種可以改變的傾向，只要孩子周圍的親人能夠在他身邊形成各種不同的依附關係，他就能逃離母親本身的不幸。

17 參見布赫諾（P.Brenot），《性與愛》（*Le Sexe et l'Amour*, Paris, Odile Jacob, 2003）。

如何傳遞創傷

情感牢籠讓創傷得以傳遞

露西的雙親都是記者，五歲時，他們雇用了從奧許維茲集中營生還的依蓮作為她的家庭教師。依蓮年輕、洋溢著喜悅，她將自己的兩個孩子留在戰時藏匿他們的接待家庭。孩子在那兒很開心，依蓮則對於自己銷聲匿跡許久後要再與孩子重逢感到羞愧。在這個記者家庭中，因為沒有可怕的過去困擾著大家，每天都充滿快樂氣氛。依蓮因此覺得自己可以在這裡重新活過，不像回到她自己家中那樣，所有人都知道她失去丈夫和另兩個孩子。僅僅是那些家庭成員的存在，就足以喚起她一心想逃避的可怕回憶。依蓮熱愛生活、渴望擺脫過去。然而，家族其他倖存成員的沉默存在卻妨礙這一切。而在露西家中，大家只談論未來。如此持續好幾年，一切看似完美，在惡夢過後，重新嚐到幸福滋味。在她自己原生家庭中，每個人都背負著哀傷，如此的歡愉可能顯得格格不入、使人震驚，但是在記者夫婦家中，所有人都微笑肯定依蓮的性格韌性。她隱約為自己的幸福覺得羞愧，因此極力避免回顧過往。一部分的她品味生活、參與慶典活動，還為社區裡的孩子們精心設計各種驚喜、安排戲劇下午茶、出其不意的大餐、用溫柔的意第緒語（編案：Yiddish，德語、希伯來語和斯拉夫語的混合語，猶太人使用的國際語言）歌謠哄露西入睡。總之，幸福洋溢，也擁有創造幸福的能力。

但是，依蓮心中灰暗的部分緩緩蔓延，往日陰影每晚重現。幸福不再那麼確切。小露西非常喜歡依蓮，還有她輕易能把任何小事賦予詩意的才華。某晚，露西要求依蓮翻譯一首歌曲內容。那首歌如此溫柔、優美、哀傷：「熊熊大火燃燒著，畢德勒，熊熊大火燃燒著……」。「為什麼有火在燒？」露西問道。依蓮隨即感到焦慮湧上心頭，沒錯，如一波波潮湧，而不是像我們平常說的「一股」焦慮。大量的畫面、情緒突然將她淹沒。一部分的過去、自己、建構她的元素，在她內心深處的巨大死亡，她的丈夫、兩個孩子、父母都死了，整個家族幾乎不復存在，大多數的朋友、鄰居也死了，她的文化、國家也被毀滅。那個歡唱的、笑不停的、多話的依蓮，以往總是將這些緊緊鎖上，彷彿放進櫃子或是棺材裡。要怎麼在熱愛生命的同時，帶著這些活下去呢？我們躲開倖存者與提醒我們死亡的人，他們僅以自己極微小的一部分繼續活下去，而自己，卻好運地能夠與這麼親切的一家人在一起，擔任他們的家庭教師，還深受他們的孩子喜愛，並且歡笑、交談、歌唱。

現在，依蓮必須要回答已經準備入睡的露西所提出的問題。她說起那位待人和善，每晚總會來吃奶油鯡魚配上一小杯伏特加酒的鄰居，有一天在三十個陌生人簇擁下，進到家裡砸壞家具，還砸破了父親的頭。她也談到自己討人喜歡、整潔乾淨、教養良好的孩子，但最後一次看到那兩個失蹤的孩子時，他們滿身髒汙、瘦骨嶙峋。她還敘述了警察蠻不講理的暴力行為、死到臨頭的感覺、鄰居的舉報還有路上行人的鄙視。

當天晚上，露西首次受到心理創傷折磨。露西雖然未曾經歷這些恐怖事件，但是她愛慕的依蓮剛剛把這一切由自己的靈魂傳遞到露西的靈魂。

僅僅切割自己，創傷仍會傳遞

將自己切割開來，讓依蓮可以較不受到可怕的過去折磨。她的部分自我在戰後現實世界愉快生活，然而對另一部分，灰暗的那一面，則保持距離，避免痛苦再回來。有時候，依蓮甚至給自己創造虛構的過去，讓她可以拒絕承認令人害怕的現實。當可怕回憶在獨處時再度浮現，依蓮為了保護自己，於是想像自己在民兵找上門前，正好叫那兩個失蹤的孩子去買牛奶，孩子因此逃過死劫。她很滿意自己的這個幻想。有時候，她甚至改編有關父親遭殺害時的記憶，創造出另一個不同場景。那位和善的鄰居不懂沒有砸壞家具和父親的頭，甚至還挺身而出擋下了致命災難，並向其他人解釋這個勞工家庭沒有犯任何罪，而攻擊的人群則突然間冷靜離開。藉由更動對過往的詮釋，依蓮在當下活得較快樂，卻沒有正面迎戰過去的不幸。只要她一不提防，只要她一停止快樂、一停止投入讓記者夫婦家庭讚賞的那些詩意、慷慨、具創造性的活動，往日痕跡就立刻浮現。先前，那些痕跡只是暫時被減輕傷痛的適應方法所壓抑，而沒有藉由自我修復的歷程轉化。這也就是為什麼，那一晚，昏昏欲睡的露西與依蓮並肩而坐，在充滿情感信任的情況下，駭人敘述便在睡房陰暗處浮現，在露西睡著時，將創傷從一個靈魂直接傳遞到另一個靈魂。那晚過後，足足有四十年時間，露西做了許多惡夢，始終害怕鄰居有一天會進到家裡毀掉一切。然而，今天卻是她在做依蓮當時所無法做到的自我修復。是長大成人之後的露西，迎戰了依蓮的過去，針對猶太人大屠殺做了許多調查，積極參與相關活動，還在活動中結識了丈夫。是她，轉化了過往不幸的情感，並賦予因依蓮敘述、傳遞的傷痕某些意義。

依蓮順應了兩種相反的強烈驅力：快樂的無上渴望，以及因多數親友死亡引起的巨大痛苦。記者夫婦讚賞依蓮人格中有生命力的部分、避免回顧過去，無意中加重了依蓮身上的切割現象。在這個未曾經歷戰爭痛苦的家庭，依蓮的心理重生很討人喜歡，然而在她自己的家庭，少數倖存者則仍與亡者相伴。如果停止談論死去的人，就覺得自己好似遺忘了他們；如果在這些親人消失後，自己卻還能擁有快樂，就像是一種背叛。對愉快的依蓮來說，眼前的選擇很明確：或是與倖存親人在亡者的陪伴下生活，或是將自己切割開來，抓住乍現的幸福、絕望的希望，以及等待死亡降臨前的一點兒生命。透過自我修復，可以漸漸轉化對不幸的詮釋；而切割策略雖保護了當下的幸福，卻也讓過往的鬼魂在日後有重現的機會。

然而，這並不意味著大聲呼喊就能夠保護我們所愛的人。就在同一個年代，共產黨員成了一群「眾矢之的」。超過兩萬人在經過快速審理後被處死，或是在獄中、死亡集中營裡遭殺害。我認識幾位倖存者，他們滿腹怒火，對於自己看見的、遭遇的一切氣憤填膺。他們述說、怒吼、回顧、紀念、出版、籌辦聚會、在牆上貼滿特殊照片。這下子得治療他們的孩子了！這些返家的倖存者與家人的緊密情感，讓他們將未經修飾的創傷傳遞給家人。現實本身總是矛盾的。在最深層的恐懼中，總有令人感到安心的某個跡象；在極度恐怖中，也總有一抹微笑；即使在奧許維茲集中營，也有一角晴空。但這些從集中營生還的共產黨員的孩子，接收到的卻是沒有模糊地帶、斬釘截鐵，同時因為渴望說服他人而被放大的純粹恐懼的再現。這些孩子日復一日地活在敘事暴力中。對他們父母來說，那則是一種正當防衛。共產黨利用這些意象做為一種政治論述，而他們的子女則在充滿巨大憎恨的世界中成長。他們晚上不敢回到自己的房間，他們想像自己床底堆滿屍體，他們等待著有一天「階級敵人」千方百計迫害他們。許多孩子都深受令人焦慮的恐慌所苦。

祕密比起我們所以為的還要常見，但正因為是祕密，我們很少談論，進而做出結論說：幾乎不存在什麼祕密。自從心理韌性的概念在歐洲、美洲以及近東區域發展以來，我收到一封字跡娟秀、內容令人吃驚的匿名信：「親愛的伙伴，如果我跟您說我是出生在一九四三年，您就會理解為什麼這封信沒有署名了。我的父親是一位德國軍人，在一九四四年德軍潰敗時失蹤了。我的母親被迫要將我託付給孤兒院。我只能在緊閉雙唇和隱藏出身的情況下成長、就學。如果我談論這段過去，我可能會被排斥。六十年後，我和您從事相同職業，我是一位精神科醫師，但是我始終必須隱藏我的童年。」18

與社會刻板印象奮戰

在法國，應該有大約二十萬名孩童是在這樣愛情下誕生。那些年輕愛侶沒有犯任何罪，相反地，他們當年必須擁有十分堅強的人格，才能免於社會上的烙印壓力：「德國佬是野蠻

18 摘要引述自二〇〇三年收到的私人信件。我收過數封類似匿名信件，由此揣測有許多受到不公義地傷害的孩子成為了精神科醫師。

人……法國女人是婊子」。這些年輕人並未屈服於輕蔑的刻板印象。在那個年代，各個團體為了與敵人作戰，需要恨意，而這些刻板印象有助於團體建構。相反地，他們之間是單純人與人的相遇，而非兩個各自被投射不同偏見的個體。愛侶沒有受到社會、宗教或意識型態壓力限制。戰時，這樣的愛情故事意味著「背叛」，然而在太平時期，卻代表著「包容」。愛的行為不論在什麼文化下都是一樣的，然而不同社會環境卻會賦予它不忠或是美麗邂逅的不同意義。

這和另一些受到納粹主義魅惑的法國女性的情形不同。她們通常都隸屬某一個社會團體，與之結合。而這個團體則與敵人合作。當時可能沒有很多孩子是在這樣的關係中誕生的。

戰後，有些納粹將領在敘利亞受到接納與庇護。他們的孩子，毫無困難地融入當地，對於曾是親衛隊的父親所表現出的英雄主義十分驕傲。他們無須隱藏自己的出身，並大聲背誦希特勒口號。心理受到創傷的父母所傳遞給孩子的，不僅取決於受創者本身談論創傷的方式，同時也受到那個文化對於創傷事件的敘述所影響。

海倫對於自己將父親送進監獄、勇於反抗的行為十分自豪。父親在持續數年的性虐遊戲中強暴了她。這個正當防衛之外，在那個人們認為亂倫僅僅存於幻想中的年代裡，她還出版了一本書，宣告亂倫仍存在於現實社會。之後，她遇見了一位很好的伴侶，生了一個兒子。海倫成功地扭轉了社會觀點，因為她，大眾看見了長久以來被拒絕承認的一種性侵害型態。然而，她卻來不及教導路人尊重。有些人會在半路上把她攔下來，當著兒子的面問她：「這個男孩是你跟父親生的，還是跟你丈夫生的？」男孩已從母親那兒接收到一些創傷，而今，又因幾個無禮的路人改變了。在聽到這句話的隔天，小男孩開始尿床，並出現一些焦慮行為。

闡釋所接收到的

想保護對方卻反而互相傷害的情感矛盾

在傳遞過程中，受創者的孩子並非被動接收，因為他們本身也已習得一套觀看世界時優先採用的方法。他們會做出闡釋，並以自身情感模式回應。

彼得一直都知道父親是奧許維茲集中營的生還者，但是父親絕口不提，或是以粗略帶過的談論方式，讓彼得也將某些疑問藏在心中。

父親說：「我不想跟他談我經歷過的可怕事件。我想保護他。」

孩子說：「我不去碰觸那些他刻意避開的話題。」

父親想保護孩子，而孩子希望服從父親那盡在不言中的命令。命令支配一切，而痛苦也是，像是某種潛藏的不安，因為過度想控制交流內容，而停滯不前。事實上，這兩個男人活在一種情感矛盾中，各自都想保護對方，卻反而損害雙方關係。

有時，受傷的父親如此衰弱，以致於孩子感覺他的返家像是日常生活裡的重擔。孩子在沉重的符號象徵（signifer）中感到不快。在這個鬼魂返家前，他和母親和樂生活，但若不幸的感覺讓他不堪負荷，他透過一種侵略性的闡釋方式，賦予自己的不安一層意義：「如果爸爸可以從死亡集中營活著回來，他肯定有和納粹勾結。如果他正直勇敢的話，早就死了。」

受創者的自我形象受到各種故事融合的影響。內在語言（langage intérieur）中一再重複的內在故事（récit intime）構成敘事認同。內在故事則又受到周遭故事（récits d'alentour）強而有力的影響。有些家庭將創傷轉化為重逢的喜悅，有些則保留傷口。同時，文化環境較常引起羞愧感，而不是驕傲。「因此，針對自我修復的心理協助工作聚焦在支持個體與環境間『心理覆膜』（psychic envelopes）譯註1……維繫的過程。[19] 個體身處環境即為家庭，也就是他的價值與信仰體系，內部的交流。」我們對自己的認識，是由家庭以及文化在我們周圍

譯註1 「心理覆膜」（enveloppes psychiques）首次出現在由法國精神分析學者安齊厄（Didier Anzieu）主編的《心理覆膜》一書，此概念由安齊厄的「表皮自我」（Moi-Peau）發展而來。簡而言之，就是從軀體層面被轉化為精神層面的所有感官經驗。根據安齊厄說法，心理覆膜類似洋蔥皮，一層一層相互交疊。

19 參見德拉吉（M. Delage），〈心理創傷與家庭修復〉（Traumatisme psychique et résilience familiale），收錄於《壓力與創傷》（*Stress et Trauma*, 2002, 2（2）, p.69-78）。

提供的現實片段所供給的。

克萊兒的父親五歲時（一九四二年）被交由臨時互助會照顧。那是一個地下祕密組織，共拯救了大約五百名猶太孩童。[20] 克萊兒，生於一九六二年，從未叫過自己的父母親「爸爸」、「媽媽」，有可能是因為她的父母也無法將這幾個字與自己連結。「我的童年都圍繞著父親童年時所受的傷。我是伴隨著他死去的那一部分長大的……他沒有辦法稱呼我的母親『媽媽』，他總是說『去問蘿絲』。他寫信給我們時，也總是在信末署上自己的名字，而不是『爸爸』。

『喂，爸？』

『你哪位？』」[21]

當我們沒有經歷過親子關係，就無法產生自己有一天也會為人父的感覺，也就無從想像誰可以稱呼我們為「爸爸」。我們獲取自我表徵的方式深植記憶，由周遭環境提供的現實片段開始。

巴契諾知道自己是吉普賽人，但他對吉普賽人一無所知。他的父母定居在里斯本一帶，巴契諾也在那出生。他的父親是泥水匠，在他兩歲時死於一場工安意外。父親死後兩年，母親將巴契諾交給一位社工人員，就跟著失蹤了。巴契諾總是聽到身邊的人說：「他們（吉普賽人）髒兮兮的……粗魯……他們偷我們的雞，而且拿我們的孩子做活人獻祭。」巴契諾心想，自己來自一個差勁又可怕的族群。對於他認為不公平的對待，巴契諾並不感到憤怒，但那是因為他不認識任何除了他自己以外的吉普賽人。他隱約對於自己這般出身感到羞恥。他打算再也不當吉普賽人，且不覺得這是背叛。為了融入另一文化而放棄自己原有出身的人，通常會有種背叛種族的感覺，背叛者常在內心自我審判。但是對巴契諾來說，這個心理法庭並不存在。相反地，在白日夢裡，他想像著有某種法官可以讓他證明自己無罪。當一個文化判處我們因為某種未知的罪行而被人類流放，就必須有上訴法院還我們清白。這也是為什麼很多受害者都會盼望能公開作證以平反冤情。

葡萄牙一般法院審判了巴契諾。但是他，還是孩子的巴契諾，創造出一套完美辯護詞，證明自己恰恰不是惡徒、不髒、不粗魯，而且沒有偷雞。因此，法官們承認自己的謬誤並接納了這個小吉普賽人，但是，他是吉普賽人嗎？巴契諾滿懷罪惡感，並不是出於背叛親友，

20 參見魯賓斯坦（M. Rubinstein），《並非所有人都能有幸成為孤兒》（*Tout le monde n'a pas la chance d'être orphelin*, Paris, Verticales, 2002）。

21 同上，p.85。

而是因為他來自一個自己不瞭解的文化，而且這個文化讓他無法跟其他人一樣。他常常在腦海裡上演想像的法庭，而在判決宣佈，證明自己清白後，他對於自己由衷的喜悅感到驚訝。「我知道自己是吉普賽人，」他這麼說。「但是我不知道吉普賽人是怎樣的，我是連自己也不明白的某個東西。」

某日早晨，他在特茹河畔的商業廣場閒晃，想要找到玩伴，突然被一小群吉他樂手吸引。皮膚曬得黝黑、潔白皓齒、穿著怪異，這些街頭音樂家引來一小撮圍觀人潮。巴契諾打從心底讚嘆他們所唱的歌謠。有生以來，他第一次覺察到吉普賽身分的一絲美好。原來我們可以既是吉普賽人，又為社會所接受？一個高大、壯碩的男人，頭戴鴨舌帽，身穿皮褲，靠近男孩說道：「盡是粗俗的音樂，永遠變不出新把戲。」巴契諾暗自發誓等他力氣夠大的那一天，要揍這個男人，隨後他又沉浸入音樂的美妙中。然而，他腦子裡有兩個驚奇之處：其一，是記住鴨舌帽和皮褲，好在之後可以認出那個無禮之徒痛毆一頓；其二，則是仔細觀察那些音樂家，他們讓他第一次感受到歸屬感的喜悅。

因此，是一段音樂加上一個畫面，提供了建構自我形象的素材。巴契諾感覺好多了，因為他身處的文化剛剛在他身旁放上兩、三個讓他終於能夠開始建立吉普賽認同的資訊。為了要在內心保有這個全新感覺，這種自在、帶股平靜力量，還有，怎麼說呢，因為周遭有跟他一樣的人，那種自己變強大的感覺，巴契諾突然渴望去追尋自己的出身。微小的意義象徵碎片，像是音樂和黝黑的膚色，剛剛吸引了他開始知識考掘，激起他對文獻、老照片、其他地方得來的物品以及將來的相遇等的興趣。這個起頭正準備要改變他對自己的感覺，從模糊不清的羞恥感，變成有憑有據的驕傲。

在一段情感囚禁的關係中，一旦心照不宣的話語被揭露開來，創傷就會以驚人威力傳遞，像小露西和家庭教師依蓮在她們過度的依附關係中那樣。相反地，如果是因為影像、音樂、故事或檔案等文化片段而得以探索自己出身（「我不知道吉普賽人是怎樣的」），孩子所感受到的則是考究的快樂。

嘈雜的靜默

對羞恥的含混表達導致「背負羞恥」的誤解

許多受創者在面對紙張時，都比面對一位親近的人更容易傾訴所受的痛苦，因為書寫讓他們可以掌控自己的感受。即使是在公開的節目中，因為和看不見的聽眾之間隔著遙遠的情感距離，情緒都能比跟心愛的人面對面時平穩。那個情緒可能會使溝通受影響，甚至受阻礙。因為羞恥的感覺，而產生的心照不宣、有口難言、暗示、代用語、含混不清等，說明了誤解為何如此頻繁可見。而全然的靜默出現在嘈雜環境中時，就如同突然切斷了背景噪音一般，喚醒警覺心、引起注意。「為什麼突然如此寂靜？發生什麼事了？」一個侃侃而談的人突如其來的沉默，會使得愛他的人產生一股怪異感覺，如謎一般：「像是一幅照片的底片，顯示出已拍攝的事物，只是尚未揭開全貌。」[22] 話語會傳遞由它所揭露的一切，並可能使得情感連結過於強烈的孩子受到創傷。當靜默是敘事的一部分，也是某種內心世界的交會時，則會帶來一道令人焦慮的影子，在這道影子中，我們看見的是自己所投射的影像。當受創者的孩子敘述他們在惡夢中所見景象時，人們常大感驚訝，因為那些內容，甚至是孩子的父母親以為自己早已妥善隱藏的創傷。

「一九九四年四月七日，種族大屠殺展開時，正逢復活節假期……我們年輕的同伴都去父母家度假了。我們以為兩個星期後就會再見到他們，但是卻再也見不到面了。他們不可能活得下來。」[23]這種情形在種族大屠殺，或是在當代戰爭中對平民、孩童施行軍事鎮壓時極為常見。當有人失蹤時，我們先是期待倖存者生還，漸漸地，必須承認失蹤者再也不會回來了，而且他們就這樣死了，且死無葬身之處。其他人殺害他們時，我們不在場，我們無法伸出援手，或許他們正在受苦死去的當下，而我們甚至還快樂地過著生活呢！一陣羞愧滲透我們內心。我們殺死了他們，我們放任他們的軀體……（「在地上腐爛」……這真是個令人痛苦的念頭），但我們無能為力。

22 參見本高茲（P.Benghozi），〈對人類的攻擊。災難性創傷與家族傳遞〉（L'attaque contre l'humain. Traumatisme catastrophique et transmission généalogique），收錄於心理學期刊《Nervure》（*Nervure*, 1996 t. IX, no 2, mars）。

23 參見目亞娃優（E. Mujawayo）、貝阿達（S. Belhaddad），《倖存者》（*SurVivants, La Tour d'Aigues*. Éditions de l'Aube, 2004, p.149）。

羞愧感讓我們想給每一位死者一塊墓地安葬。當我們親近的人以這種方式從世上消失，我們變得十分在意死者的尊嚴。「每次我看到有關盧安達的影片，我都會注意我的兄弟有沒有在生還者之列。他們還活在我心裡，所有的一切都讓我想起他們。我看到堆疊的屍體時，也一樣會在其中尋找他們身影。就好像他們今天才剛死去似的。」這種不露聲色的、對死亡的憂慮透過一些細微動作表露出來，而且孩子會強烈注意到：媽媽盯著電視注意失蹤的弟弟是否出現在螢幕上時，她表現出凝結的靜默；當友善的鄰居恭喜她平安從大屠殺生還時，媽媽臉上輕微抽搐。這些具象徵意義的靜默為談話覆上一層陰影，並在孩子身上帶來奇妙難解的焦慮感。「只要一提起盧安達，媽媽就一句話也不說。那裡到底發生了什麼事？」死亡絕對不是那麼單純，一定有什麼妖術，或是謀殺？絕對不要開口問問題。孩子就在母親羞愧感傳遞出的不安陪伴下入睡。他晚上老做惡夢，夢見母親屍體在地上腐爛，而其他路過的人則肆無忌憚地嬉鬧玩笑。孩子就在他的內心世界上演折磨著母親的那股愧疚。

第六章

陰鬱之歌

鬼魂的身軀

鬼魂需要受創者的軀體才能現身

「我害怕晚上，死人會在晚上爬起來……」孩子這麼說。或許在他腦海中，是一群陌生人將他們帶淚、失笑的面孔轉化為夜晚形象。「除了他們已經死掉了以外，我對這些人一無所知。」[1] 這些被身邊親近的人的羞愧感餵養而做惡夢的孩子，感覺自己與眾不同、令人焦慮。當父母的羞愧感糾纏著你，你要如何真正認識他們呢？

大人們耳提面命，告訴他不要跟軍人說話。他記得，某一天在河邊玩時，球滾進長椅下，那兒坐著兩個正在說話的軍人。他們把球還給他，還說了一些話，他聽不懂，但感到親切。幾天後，他的父母失蹤了，被民兵逮捕。他們被關在集中營裡，並在裡面過世。持續好幾年，他都一再跟自己說，拿回球時，他一定說了些什麼。他一定在不經意間洩漏了什麼線索，才會害得父母被抓。他沒有守口如瓶，而父母因此而死。這也是為什麼，其後好幾十年間，他都很欣賞那些緘默不語的人，因為沉默在他心底帶來的是一股安全感。然而，不小心說了什麼的羞愧感，以及導致父母死亡的罪惡感，讓他學會了一種古怪行為：他只能談論無關痛癢的話題，因為所有的私人話題對他而言，都像是一種令人擔憂的侵犯。

因覺得羞恥而引起的感受與「背負羞恥」[2]不同。前面所說到的吉普賽孩子巴契諾，對於「自己這種人」覺得羞恥，雖然他並不知道自己到底是哪種人，但是他所處文化環境，讓他覺得應該要感覺羞恥。一旦他能夠識別出一個具建設性的正面典範，自我修復的過程即讓他可以將羞恥轉化為驕傲。背負羞恥，則是為依附對象所受之苦而苦，脫離羞恥的過程並不相同，必須付出更昂貴的代價才能得到自我修復：「為了不要再為『我不知道到底是什麼的東西』感到羞恥，我得先解決父母的不安。」相較於巴契諾只需要察覺一些吉普賽生活片段就足以停止感覺羞恥，背負羞恥的人，則不知道自己必須對抗的問題何在，而且常常覺得被自己所愛的父親或母親侵擾：「我不知道為什麼，和父親在一起時老覺得不自在，但是他不

---

1 出自布歐勒（G. Briole），列日（Liège）之日談話（communication aux Journée de Liège），《創傷與幻想》（*Traumatisme et fantasme*, 15-16 mars 1997, Quarto Nov. 1997）

2 參見本高茲（P.Benghozi），〈背負羞恥與家族系譜結構及家族治療社群〉（Porte-la-honte et maillage des contenants généalogiques familiaux et communautaires en thérapie familiale），收錄於《團體精神分析心理治療期刊》（*Revue de psychothérapie psychanalytique de groupe*, Paris, Érès, 1994）。

在身旁又感到失望萬分。」孩子感覺到的是一位殘破的、有時討人喜愛、卻也常常顯得陰鬱的父親，他必須與這樣的父親相處，從中成長。他也從父親因為羞愧而表現出的行為中擷取了某些東西，進而使他自己在麻木與熱情之間擺盪。孩子習得紊亂型依附，然而滿心羞愧的受創父親則深信，絕口不提往事能使孩子受到妥善保護。這位父親，為幸福而受折磨，卻不知道自己已經將「令人擔憂的幸福」這種不安感受傳遞給孩子了：「所有成就都令我充滿罪惡感。在我所愛的人正承受痛苦時，我卻過得幸福快樂，這是件羞恥的事。令人沮喪的挫敗還讓我覺得舒坦些。」背負羞恥者可能會這麼說。

鬼魂的力量既不神奇也不靈異。相反地，正是因為確切地察覺到某個啟人疑竇之處、某個手勢、某種語調或是沉默，才讓孩子看見鬼魂出現在所愛的人的軀體上。鬼魂無法單獨存在，他們需要受創者的軀體才能讓死亡、痛苦或羞恥現身，從而干擾孩子的精神狀態。過去的事件在受創者身上劃下一道道陰影，鬼魂則將這些陰影從一個靈魂傳遞到另一個靈魂。

「我希望我的孩子們遠離我必須走的那些路」，從奧許維茲生還的父親這樣想，「我希望他們生活平靜無波，擁有免於恐懼的童年。」

孩子無聲地回應：「父親認為，自己內心隱藏的那一面，理應受到厭棄。」孩子的內在語言補充道：「我一直都知道有某些東西還是被埋藏起來的。雖然他什麼也沒說，父親還是以莫名的力量讓我瞭解到自己不應該去注意那個角落。」[3]

3 根據史耐德（J.C. Snyders），《童年之旅》（*Voyage de l'enfance*, Paris, PUF, 2003, p.23-25.）改編對話。

父母的陰影使孩子多疑膽怯

受幸福所迫者的禁忌話題

禁忌的話題，能從對話者的肢體察覺，並藉由他們的內在語言衍生出來，這清楚地說明了，如果對話雙方存在著依附的情感，情感矛盾可以如何從一個靈魂傳遞到另一個靈魂。從集中營生還的年輕人極為早婚。在那個年代，男人必須步行去工作場所，並在那兒待上十個小時，他不能沒有女人獨自生活。女人一樣不能少了男人，在當時的科技環境下，身體仍是社會生產力的最主力工具，如果男人性能力或體力不足，如果女人不孕或體弱，他們就無法承受生活重擔或大量繁衍子嗣。在那個尚不存在社會保險，也沒有退休年金的社會，他們面臨著艱苦的未來。那些從集中營逃過一劫的年輕人過度重視婚姻，對他們來說，那是讓自己重生的唯一希望。他們大部分人，都發展了具治療功效的焦慮型依附伴侶關係。離開集中營後，婚姻讓他們重返生活，有時也讓他們得以開始建構自我修復之路。

在這樣的伴侶關係中出生的孩子，必須在還帶著創傷、剛展開重建工作的父母的影響下成長。孩子的成長支柱是不健全的，他面對著勇敢、沉默、陰鬱，在平日顯得和善，但卻會無預警大發雷霆的父親，並不容易與他建立起穩定、明朗的關係。受創者配偶付出極大的心力在照顧受創者，因為兩人的伴侶關係就是圍繞著這個契約建立成形的。孩子於是在不苟言笑、認真、和善、帶著令人窒息的沉默的父母身旁成長。他覺得被兩人的情感契約排除在外。

這也就是為什麼大部分這樣的孩子都感到一種情感匱乏；弔詭的是，父母認為這些孩子已受到極為妥善的照顧。這對伴侶以孩子為中心來規劃兩人生活，做決定時僅考量孩子利益，對他們展現放任式的寬容，並且為了不要將痛苦傳遞給孩子，他們也避免提及自己的痛苦。然而，孩子卻覺得他在這對默契絕佳的父母間格格不入。他將自己得到的放任視為一種缺陷或甚至是遺棄。他深深著迷於受創父母親所透露出的謎團般、令人擔憂的陰影。受創者僅僅是在一塊他以為巧妙隱藏的區域上覆了一層薄紗。「從那些耳聞的訊息，儘管是常常被曲解的話語；從那些影射，無論它們是否特意被強調；從那些蹙眉、手勢，不管它在意味深長的沉默中是否特別重要……，在這之中，我們每一個人都打造了對自己出生前的事件的詮釋……」[4]

4 參見繆拉（A. de Mijolla），《家族史前史》（*Préhistoires de famille*, Paris, PUF, 2004, p.150）。

這些被強制要幸福的孩子理解到，任何一丁點不幸都會使他奇怪的父親感覺沮喪：「……他看起來急切地希望我只有快樂的念頭、只做出平靜的舉動……」[5]，這些創傷父母的孩子因強迫的幸福而感到焦慮，因而常會習得矛盾型依附：「……我愛他們，也是從這些晦暗之處、從這些令人害怕的地方開始。」[6] 對這些孩子而言，恨並不是愛的對立。恨，是面對正在重建的破碎父親時，一種憤怒的反抗。他的陰影使得孩子多疑膽怯，要到多年以後，孩子才能學會為這位沉默的父親感到驕傲。

艾維這樣描述妻子：「每當她愉悅快樂時，我就很恨她，因為在那個當下，她遺棄了我。」他的父親剛剛從戰火頻仍的阿爾及利亞返家。他說得太多、太大聲、太開心，一切都是為了隱藏他無法平靜說出來的部分。就在這樣一位以強作歡快來隱藏悲傷的父親影響下，艾維習得了矛盾型依附，並在其後與妻子的相處中表現出來。當她在身旁時，艾維非常愛她，但是每當她想一個人出門時，他就滿腔憤恨。

有這種在獨特的契約模式下結合的父母，孩子學會注意隱而不言的一切，他們受到陰影吸引，對於動作洩露的蛛絲馬跡以及突然中斷的談話感到擔心卻又充滿興趣：「咦！為什麼一談到未婚生子她就全身僵硬……？真奇怪！每次一提起爸爸的家庭，媽媽總說：『哎呀！』然後發現家裡有一件急事得處理，不得不中斷正在進行的談話。」這些小小的謎團、毫不起眼的碎片，因為一再地出現，最終教給孩子一種奇妙的態度。在他腦海裡就像是這樣想的：「有一件不可知曉的禁忌，讓我既害怕又感興趣。」情緒矛盾於是在內在世界建立起來，並一步步形塑出他的情感模式。「我不太清楚父親童年時發生了什麼，因為他從不攤開來談：若有所思、臉上的陰鬱神色，還有母親總是介入，轉移話題來保護爸爸。真是奇怪。太奇怪了。與父親所經歷的童年相比，我沒有抱怨的權利，我應該要完美無缺，我應該要始終處於幸福快樂的狀態，才能讓父親為我付出的一切值得。我應該要成功，因為他已經給了我成功的條件——他自己從來沒有得到過的優渥條件。如果我沒有成功，我將羞愧萬分。我真恨他。」

這個必須幸福的限制使人焦慮，它剛開始會帶來顯著成果，因為孩子對父母的忠心驅使他將自己投入這段謎樣的親子關係中。然而，青春期來臨會促使他離開他愛的人，以學習另一種愛，這個情感轉變常常是令人痛苦的。情緒矛盾可能會引導他走向讓人感到放心的放

5 參見前引史耐德（J.C. Snyders），《童年之旅》（J.-C. Snyders）（*Voyage de l'enfance*, p.108）。
6 同上，p.123。

棄，或是對過往激動人心的考察熱情。某個孩子就說：「我受夠了像父親所要求的那樣追尋幸福。放棄讓我鬆了一口氣。」另一個孩子卻可能這麼想：「我對於隱藏的一切充滿興趣，不去試著瞭解它讓我感到焦慮。」

與消失的父母同化

理想化形象與局部痛苦

受創的父母親為了保護孩子，逼迫自己只將性格上明朗的那一部分表現出來。這樣的切割卻在無意中傳遞了矛盾型依附給孩子。孩子的父母若剛開始從創傷中走上自我修復之路，這種情感模式似乎比一般情況下成長的孩子更常見，後者矛盾型依附的比率是百分之十五。[7] 這種矛盾型的愛的方式「來自於父母身上未解決的衝突，使得父母在成人後投注心力在孩子身上，期待彌補情感缺口，從而建構起這樣的情感模式。」[8] 這群受到戰爭創傷的

7 參見帕宏（S. Parent）、索希耶（J.-F. Saucier），〈依附理論〉（La théorie de l'attachement），出自哈比曼那（E. Habimana）、艾提耶（L. S. Ethier）、佩托（D. Petot）、圖希紐（M. Tousignant），《兒童與青少年的精神病理學》（*Psychopathologie de l'enfant et de l'adolescent*, Montréal, Gaëtan Morin, 1999, p.39）。

8 參見李杰佐羅（J. Lighezzolo）、泰契（C. de Tychey），《心理韌性。創傷事件後的自我重建》（*La Résilience. Se*（*re*）*construire après le traumatisme*, Paris, In Press, 2004, p.72）。

年輕父母，想要盡快結婚，好重新投入生活，並及早生養孩子，愛他們、給予他們自己被剝奪的所有幸福。這種為了適應而發展出的防衛機制保護了父母，並傳遞了孩子矛盾型依附，這種依附型態必須等到孩子青春期才能有所轉變。

有一種過早作成的定論認為：「這就是自我修復的結果：父母得到修復，孩子卻遭殃。」必須要強調，在一個忽略受創者的社會中，父母也才剛剛開始走上自我修復之路。當時正承受痛苦的他們，是無法正面對抗才剛發生不久的不幸的，他們還未脫離這個階段。他們還是遲鈍的，帶著那時而乍現、令人驚訝的生命之火。他們咬緊牙關、說不出話來，就像每個人在覺得痛苦當下所表現的一樣。只有痛苦過後，我們才能表達自己的想法，退一步拉出距離，並隨著時間流逝後，做出語言重現。如果所處文化又使受創者噤聲，他們就需要好幾十年的時間才能自我修補。種下孩子胚胎只需要幾秒鐘的時間，但這孩子則在未來好幾年間都得在費盡心力自我修復的父母身旁成長。孩子降臨世上時，帶著創傷的父母正渴望重生、渴望在心靈垂死之後重返生命，然而，由於父母的傷痕，孩子周圍只能找到受損的成長導師。他必須在這種情況下學習生活。

年幼孤兒往往理想化了他們消失的父母，但如果他們找到替代家庭，隨後的發展並不壞。然而，他們必須作兩次親子關係的建立工作：死去了的、被理想化的家庭，以及救了他們的現有家庭，而後者也像其他所有家庭一樣，總是不完美。他們腦中並存著兩個家庭的故事，這些故事填滿他們的內心世界，有時也會造成親子問題，但是整體而言結果相當不錯。

不懷好意的人可能會總結道，寧可擁有死去的父母，也比受創父母來得好。對此我建議聽聽家庭治療師的說法。他們觀察到，當家庭中的一員受到嚴重疾病侵襲，例如癌症或嚴重的心肌梗塞等，他的兄弟姊妹與其他家族成員會圍繞著他團結起來，其他問題都退居次要，被當前所面臨的急迫掩蓋。迎接死亡的工作在病人四周的親友間慢慢成形，他們準備要迎接黯淡未來，並覺得當下令人快樂。萬一病人不幸痊癒，有些家庭就此瓦解了，他們適應情況的策略變得毫無用處，而先前埋藏的問題也重新浮出檯面。是誰說應該要殺死生病的人？最好是嘗試、盡一切可能治療，並事先告知這些家庭，如果將這個考驗視為他們家庭唯一難題所可能產生的危險。

同樣地，當我們被迫保守祕密，親友便在那個神祕區域四周團結起來。然而，這個受創者靈魂中迷人的苦楚，傳遞給孩子某種奇異感覺。或許正是因此才會有人這樣說：「父親吃了青澀葡萄，孩子牙齒發酸。」[9] 拯救了受創父母的祕密，在孩子身上強加了結合兩種相

9 出自杰黑米（Jerémie 3,130）。

反驅力的成長導師：「我愛慕著這個令我焦慮的父親……我克制自己不要向他問起那塊吸引著我的陰影……我欣賞他，因為他知道內情，同時我也看不起他，因為他身上帶著令我作噁的傷痂……我愛他，因為他在開心時溫暖著我，可是當他的悲傷壓垮我的時候，我也憎惡他。」如果受創父母沒有機會在自我修復路上進步，他們的孩子大概就會這麼說。

幾乎總是家庭或文化環境阻礙了自我修復的縫合。要怎麼跟一個孩子說，他是因為亂倫出生的呢？整個家庭為了保護孩子絕口不提，而孩子則在一團心理迷霧中成長。要怎麼跟一個在第二次世界大戰中被藏起來的孩子說，如果他承認自己是猶太人，或是拼出自己的名字，他就得負起害自己所愛的人死去的責任？如果這些孩子在來不及戰勝這個厄運時就成為父母，他們就在腦海中帶著這個不幸的狀況下養育自己的孩子。然而，重返生命的自然傾向如果未受環境限制，他們就有機會自我修復，這些孩子就可能擁有一位已復原的父母。

受傷的父母變得退縮

孩子會因而更有能力嗎？

受傷的母親在她們產下第一個孩子時還身處困境。如果她們的家庭在創傷事件發生後關心照顧她、如果她們遇到一位能支持自己的伴侶、如果她們找到其他幫助自我修復的支撐（書寫、藝術或社會參與、心理治療等），尤其是，如果社會提供她們利於自我修復的場域，讓她們得以展開自我修復的工作，這些母親到了生育第二胎時就已經判若兩人了。

自一九七〇年代起，我們瞭解到一個「正常母親」在孩子出生後如何和這個嬰兒相互影響。我們可以預知，一位快樂成長的年輕女性會注意嬰兒發出的所有訊號，並微笑回應、說上許多話。[10] 相較之下，照顧嬰兒的父親明顯地較少微笑、說的話也比較少，和妻子相比，

10 參見崔佛頓（C. Trevarthen）、哈伯利（P.Hubley）、雪倫（L. Sheeran），〈新生兒本能活動〉（Les activités innées du nourrisson），收錄於《研究》（*La Recherche*, 1975, no 6, p.447-458）。

他們也比較「不帶情感」。[11]

然而，那些童年時曾遭亂倫所害的母親卻不是如此。大部分時間，面對自己剛剛誕下的孩子，她們顯得麻木遲鈍。她們定定地看著孩子，一語不發、也沒有任何手勢動作。之後，當我們有機會和她們談談時，我們瞭解到當時在她們生命中那段關鍵時期，有一個念頭如迷霧般在她們的心理幾乎縈繞不去：「他會有怎樣的性愛呢？」紛亂想法中，一個模糊的概念產生：「但願他不會體驗到粗暴的性愛。」在剛剛誕生的嬰兒面前，有一個念頭冒出來，又立刻被她們屏棄：「但願他自己不會主動做出粗暴的性行為。」如果是個女孩，「有一天，她會被強暴」或是「一到青春期我就把她殺了」這樣的想法會在母親的腦海中閃現。

母親在看到孩子生理器官同時，也看見了過往不幸的表徵，以一種痛苦的困惑回應，而可怕的念頭在其中閃現，這就是一個母親帶著鑿刻在記憶中的過去並且獨自一人時所面臨的處境。為什麼要讓她獨自面對呢？孩子出生時，在她身旁的每一個依附對象，都能幫助她在此危急時刻獲得安全感。當她有了伴侶，她感覺自己是一位妻子，並且看到因為孩子為對方帶來的快樂，她也感覺幸福。僅僅一位親近的人就足以改變母親的內心世界。

預言厄運者認為受虐的孩子長大後必會成為施虐的父母，或是亂倫受害者長大後會有淫亂的性行為，他們說的也沒錯。他們單單描述了集體意識下造成的情況。集體意識認為受創傷的孩子註定複製不幸，並同時遺棄了這些孩子，使他們不得不走上重蹈覆轍的路。然而，只要改變了母親的內心世界，就改變了她為孩子營造的感官環境，當我們幫助她趕走鬼魂，她就能提供富安全感的環境給孩子。[12]

然而實際發展過程卻常常相反。這些母親過度走向相反的方向，變得縱容放任孩子，因為她們隱約覺得所有人都比她更有能力養育一個小孩。她們認為丈夫、老師、還有孩子本身都知道應該要做些什麼或說些什麼，才能得到幸福生活。如果童年曾受虐的母親所愛著的人沒有給她機會，發現她自己也是有能力的，這個母親就有可能將自己置於所愛的人的陰影下。受創父親也一樣，他們不相信自己有能力成為父親。因此，當他們遇見一位可以支持自己的妻子時，他們會交給她許多權力，因為，她懂。

因而在這種結合下出生的孩子，將會在獨特的父母陪伴下成長：一位縱容孩子的母親，

11 參見勒卡穆（J. Lecamus），《幼兒人際關係與互動》（*Les Relations et les interactions du jeune enfant*, Paris, ESF, 1985）。

12 參見瑪麗・緬（M. Main），〈依附組織跨文化研究，近期研究：條件策略的變動方法論與概念〉（Cross-cultural studies of attachment organization, recent studies : changing methodologies and the concept of conditional strategies），收錄於《人類發展》（*Human Development*, 1990, 35, p.48-61）。

因而在這種結合下出生的孩子，將會在獨特的父母陪伴下成長：一位縱容孩子的母親，她在別人、甚至在自己孩子面前隱藏自己的存在[13]，或是一位殘破、分裂為兩個不同人的父親：其中一個在家中退居配角，另一個則時而在外發光發熱。這兩個一半的父親，讓孩子在聽到別人以讚賞的語調談論父親時感到驚訝，因為在家裡，大家幾乎抹去他的存在。矛盾深植孩子的記憶中，對於這些相反卻又相關的意象，他也因此學會賦予雙重表徵。

談論被藏匿的孩子的潛抑現象（編案：repressed，指把對個人威脅太大的記憶或衝動從意識排除，使自己真的不覺得它存在，但此記憶其實藏在潛意識裡，仍可能會不知不覺影響行為。）是不正確的，因為在他們內心深處有著精確而清楚的創傷超記憶（hypermemory）。文字雖有助於創造出能與他人分享的世界，但是這個表徵卻難以用文字呈現。成為父母之後，他們記得自己得以倖存，全有賴於小時候懂得保持沉默。不論是土耳其的亞美尼亞孩子（譯案：一九一五至一九一七年亞美尼亞曾發生種族大屠殺）、歐洲的猶太孩子、赤棉時期的柬埔寨孩子，或是逃過盧安達大屠殺的圖西族年輕人，他們當時都必須閉口不語才能逃過死劫。

出於求生需求的防衛機制，造就他們獨特的人際關係模式：快樂、主動、愛夢想、富創造力、過早變成大人，而當某個情境或提問觸及了他們先前學會要避開的那個領域，他們就頓失光彩、在心理上動彈不得。他們就是帶著這樣的防衛機制來到了生養孩子的年紀。他們就在悲劇發生過後幾年內成為父母，而對這些父母來說，表現自己會帶來死亡。這個概念深深地刻劃在他們的記憶裡，而他們也因為這樣才得以獲救。他們就像穿越地雷區的士兵那樣活著：「那兒，我可以走……這個，我可以談……但是突然間，我停了下來，因為如果我吐出一個字就可能會死。」

13 參見克勒唯茲（C. Krelewetz）、匹歐托斯基（C. Piotrowski），〈經歷亂倫的母親：保護下一代〉（Incest survivor mothers : protecting the next generation），《兒童虐待與忽略》（*Child Abuse and Neglect*, 1998, vol. 22, no 12, p.1305-1312）。

一種命運，而不是註定的未來

如果我們認為什麼也改變不了，一次創傷就會變成一種命運

如果我們本身或周遭環境沒有任何改變，那麼就會勾勒出命運，而我們終其一生也就只能一再重複那個在必須噤聲才能生存的時期所學會的一切。我們可能傳遞給孩子一種「防衛性排除（defensive excusion）」[14]。媽媽可能這麼說：「我為了保護自己而閉上嘴。這讓我的孩子們學會絕不要為所欲為，因為他們察覺在我們的關係中有一塊模糊地帶。他們與我在一起時從不曾全然放心，因為我的行為策略向他們暗示著一個令人擔憂的謎團、麻木的空間，藏在我心中。」之後，當這些孩子在生命中面臨考驗時，他們無法學會求援，因為他們在父母身上感覺到一塊禁區。他們或是咬牙挺過，或是徹底潰敗，沒有任何其他可能。在那些父母來不及自我修復的孩子身上，「……當新的經驗與已建立起的表徵系統相遇時，他們對新經驗無動於衷、抗拒改變。」[15]

幸運的是，即使是僵化的社會也不可能凡事一成不變。在每一個成長階段，孩子都會改

變覺知世界的方式，透過每句他說出口的話語，同時也改變了自己覺知到的世界。每一個社會論述都會建構出新的組織，以支撐不同面貌的發展。

前瞻性研究法（prospective methods），追蹤受創者直到他們成為父母或祖父母；回溯性研究法（retrospective methods），則在看見問題時回顧從前，挖掘過去生命經驗並從中尋求解釋。不同理解策略也得出不同結果。

在一些國家中，大約每一千名受虐兒童就有兩百六十人到了青少年時會頻頻闖禍，這個比例相較於其他一般兒童高出許多。

如果我們是警察，並攔下一些惹事生非的青少年，要求他們說說自己生命故事，這種回溯方法可以讓我們得知百分之九十二的青少年都曾受到虐待。我們於是合乎邏輯地歸結道，虐待幾乎必然會導致重複性犯罪。而且，我們會以對施暴者的認同理論（theory of

---

14 參見鮑比，《安全基礎。依附理論的臨床應用》（*A Secure Base. Clinical Application of Attachment Theory*, Londres, Routledge, 1988）。

15 參見前引N. 哥德內（N. Guedeney）、A. 哥德內（A. Guedeney），《依附關係—概念與實踐》（*L'Attachement. Concepts et explication*, p.30）。

identification）來解釋這個現象。[16] 假設我們現在是教師，並追蹤這一千名孩子直到成年。這個前瞻性研究法讓我們發現到，百分之七十四的孩子都正常地發展，並與教師維持著溫馨互動關係。我們於是做出結論說，虐待不常導致重複性的犯罪。

上述兩個結論雖然截然相反，卻也都沒錯。只是任何單一的研究方法都只收集了各自工作場域的真實資訊，也因此有了不同觀點。警察說：「虐待是一種命運，會引發犯罪。」而教師則回應：「如果關心這些孩子，他們絕大部分都可以正常成長。」

字詞具有讓概念成形的力量，而這些概念得以讓我們觀察人類生存狀況的片段。我們一旦知道怎麼看見它們，就能起而對抗，也因此能讓它們突然間出現、存在於社會論述中。例如，「全球化」現象早在我們賦予它這個名字之前就存在了，只是一旦它們藉由對話被賦予了生命，社會、文化團體便會組織起來，或是反抗、或是促進它的發生。[17]

大部分被藏匿起來的孩子都沒有家。家庭消失了，可能是永遠消失，也可能僅只在戰爭期間消失。研究者持續追蹤九百零六名孩子（五百八十位男孩與三百二十六位女孩）至十八歲[18]，並發現隨著照顧機構或是遇到的人不同，他們的未來發展也各不相同。這種由機構以及人際關係際遇而形塑出的不同成長可能性，證明了自我修復的確存在於現實中，而且當我們讓它也出現在話語、論述、研究或是抉擇中時，我們就能更容易掌握它。

這些持續性的調查撼動了我們的偏見。到了十八歲，那些曾被藏匿起來、隨後又由其他家庭收容的孩子，在學校課業上的學習成就都高於留在兒童收容所的孩子。這方面聰明才智的可塑性如此巨大，讓他們甚至到了十五歲後還能補起先前落後腳步迎頭趕上。創傷事件過後，身體以及智力仍能重新發展的可能時間比我們原以為的還要長得多。

而那些被藏匿的孩子，人生大多充滿痛苦。他們最主要的困難在情感和歸屬感方面。他們不只集諸多危險因子於一身（與世隔絕、情感中斷、轉換接待機構），而且更學會抹去自己的一部分人格以求生存、學會將他們的自我表徵擦去，或是使之模糊不清。如果周遭的人告訴你所有自我發展都相當於意圖謀殺，我們如何能夠努力成為我們自己呢？「如果你說出你是誰，你就會死……如果你說出自己是從哪兒來的，你就會把希望好好照顧你的人帶向死亡……我們給你的微不足道的一切就已經是了不得的了……單單是你出現在我們家，就足以讓你變成一個危險、不祥之人。」這些孩子在保護著，甚至是愛著他們的環境中痛苦地存

16 參見前引勒貢（J. Lecomte），《從童年中解放》（*Guérir de son enfance*, p.200）。
17 出自布特羅斯—加利（A. Boutros-Boutros Galli），（Cité de la Réussite, Forum de l'écrit, Paris, 19 juin 2004）。
18 參見費曼（M. Frydman），《被藏匿孩子的創傷》（*Le traumatisme de l'enfant caché*, Quorum, 1999）。

活。他們會聽到一些令人沮喪的話：「鄰居也收留了一個像你這樣的猶太小孩。他開口說了話。蓋世太保放火燒了他們的農場。」每一天，這個孩子都會聽到這麼一句親切卻使他的靈魂受傷的話：「我們收留他，因為他孤苦無依，我們不知道他的家人在哪兒，而且，他很善良。我們冒著為他而死的風險」，在大屠殺中收容圖西小孩的好心胡圖族人這麼說。

為了被接納而投身考驗

贏得生存權利

因為這些潛伏、一再重複的創傷，孩子對於保護他的人抱有一種矛盾的感激之情。孩子從他們身上得到的禮物使人焦慮，沉重、無法償還的負債令人喘不過氣。在此對立狀況下，只有能夠在內在的神意裁判（ordalie intime）譯註1中將危險賦予魅惑色彩的孩子，才能自我修復。這個與死亡一線之隔的行為自然而然地出現，並與神的判決有相同效力，賜予孩子活著的權利。

成人無法瞭解這些荒謬的冒險行徑，他們甚至常常看不見這些行為，因為孩子是偷偷地、獨自在神靈注視下投身考驗。既然他已被人類世界驅逐、並僅僅因為自己的存在就被判

譯註1　盛行於歐洲中世紀早期的一種司法裁判法，被告如欲證明自身清白，須同意接受水浸、火灼或決鬥等考驗，並將通過考驗與否視為神靈啟示，藉以判斷是非曲直。

了死刑，他除非透過某種融入的儀式，否則無法在人類團體中重新取得一席之地。但是，由於社會又沒有提供他這樣的儀式，他於是自己創造出最殘酷、最危險的考驗來證明自己比死亡強大。因此，根據周圍環境不同，他或許會在夜間、沿著幾近光滑的峭壁徒手攀爬，或可能跳入暴風雨中波濤洶湧的大海，或是不為尋仇、毫無理由地與人鬥毆，也可能做出非關慾望的危險性行為。

這也是為什麼，與一般成見恰恰相反地，有為數不少的亂倫受害少女在經歷可怕童年後，成功戰勝自己強加在身上的考驗，並在克服困難後成為母親。[19] 另一方面，被性侵害事件擊倒，並留在受傷狀態無法復原的少女，則成為問題不斷的母親。[20]

創傷孩子渴望成為完美父母

我們直接觀察這些身陷困境的母親如何照顧孩子，並輔以問卷調查，從而清楚地看見她們的內在世界，也看見一種經常性的特點表現出來：由於她們貶低自己，而常常過於縱容孩子。「我沒有能力。我的丈夫、姊姊或是醫生，都比我懂得更多。我要放手讓他們來，我要給孩子一切，不給他任何限制，讓他可以毫無束縛地成長。這對我來說要付出很大的代價，但是沒有關係，因為他會更快樂。」有研究透過訪談、標準化環境下的觀察等，追蹤四十五位受亂倫侵害的孩子直到他們為人父母。另外，也以相同研究法追蹤、觀察另一群七百一十七名未遭受侵害的孩子。總體而言，受到侵害而心理創傷未復原那群孩子在行為上表現出的障礙以及受損的自我表徵，都與父母酗酒、有精神疾病，或是父母自己小時候曾受到創傷的孩子相同[21]：他們在初生嬰兒前顯得遲鈍，被自己孩子嚇得手足無措，貶抑自我形象，並且不切實際地渴望成為完美父母。

在此類父母身旁長大的孩子學會變得帶點高傲，不管是對殷勤服侍他們的母親，或是那個抹除自己、順從孩子渴望的父親，儘管他總是默默努力避免讓自己的悲苦使這天真無邪的小天使不開心。

19 參見克理斯柏格（W. Kristberg），《看不見的傷口：治療童年期性創傷事件的新方法》（*The Invisible Wound : A New Approach to Healing Childhood Sexual Trauma*, New York, Bantham Books, 1993）

20 參見谷鐸（C. A. Courtois），《治療亂倫傷口：成人治療》（*Healing the Incest Wound : Adult Survivors in Therapy*, New York, W. W. Norton, 1998）。

21 參見胡西歐（A. M. Ruscio），〈童年遭性虐待母親育兒方式預測〉（Predicting the child-rearing pratices of mothers sexually abused in childhood），收錄於《兒童虐待與忽略》（*Child Abuse and Neglect*, 2001, 25, p.362-387）。

當孩子來到性慾啟蒙的年紀，仍身負創傷的父母無法給他們安全感。因為過於希望不要阻礙孩子，他們不曾明白告知禁止事項。這樣的模糊困擾著青少年，有時甚至引發焦慮的抑制現象（anxious inhibitions），因為禁令有安定人心的作用，宣告禁令同時也等於宣告了哪些事是准許去做的。「禁止」和「阻礙」常被混為一談，但是兩者所建構起來的世界卻截然不同。「阻礙」遏止所有慾望的表達，然而「禁止」卻是勾勒出慾望輪廓，甚至引導它：「在某個界線之內，你可以表現自己的侵略性，一旦超過就會被禁止。你可以對這個女人獻殷勤，但是對那一個就不行，而且不是怎麼樣都可以：你不能為所欲為。」「禁止」賦予驅力一個樣貌，成為幫助人們情感互動的工具，然而「阻礙」則束縛著慾望。

在孩子面前抹去自己

沒有獲得幫助，而無法成功自我修復的父親或母親，會高估自己的配偶、整個社會，甚至孩子。他們為了避免限制孩子，從而將自己從孩子眼前抹去，也使孩子因而學會主導他們。若受創父母在進行自我修復時遭遇困難，便常常可見這種情感上的矛盾現象。然而，亂倫受害者只有在事件發生三十年後才敢去談論它，集中營生還者也只有在第二次世界大戰結束四十年後，文化才給了他們發言權，讓他們表達自己。戰時法籍母親與德國士兵結合所生下的二十萬名孩子，過去始終必須隱藏有關自己出身的巨大陰影，也是到了今天，才剛開始撰寫他們人生最後一個篇章。

孩子是怎樣的人、他做了些什麼，對於未妥善復原的父母來說帶有難以理解的涵義，因為雙方從不談論這些。受創父母與孩子間是透過行為間接傳遞了情感上的矛盾。當一位三十年前曾遭遇亂倫的母親知道自己女兒開始感覺到性騷動時，她變得更為驚慌、過度保護孩子。然而，同一位母親在青春期兒子面前則會抹去自己的存在。[22]上述情境，兩人在自己未察覺到的動作交流中一個字也沒有說。母親難以意識到促使她採取侵略性監控、惱人付出，並使女兒窒息的幽微力量，同時，兒子也很訝異自己竟能如此恣意而為，而且常常將這種放任看作毫無節制的自由：「我可以愛做什麼就做，不要考高中會考，好盡情追求女生。」有時甚至將母親抹去自己的表現解讀為遺棄：「我可以愛做什麼就做，反正，我媽一點也不在乎。」完完全全會錯意！

22 參見克勒唯茲（C. Krelewetz）、匹歐托斯基（C. Piotrowski），〈經歷亂倫的母親：保護下一代〉（Incest survivor mothers : protecting the next generation），《兒童虐待與忽略》（*Child Abuse and Neglect*, 1998, vol. 22, 12, p.1305-1312）

青少年的性啟蒙同時喚醒了母親小時候被強暴、背叛的痛苦回憶。在現實中發生的事件，也會根據父母的過往經歷，被賦予了不同的意義，並形成各種行為傳遞下去。這也是為什麼兒時受虐的父母在孩子長成青少年時，常常鬆了一口氣。他們的想法近似於：「現在他已經長這麼大了，不可能被虐待了。呼！我成功了！我沒有複製虐待。」父母的內隱記憶引發某些情緒，而這些情緒的表達則構成行為傳遞，就像是用手勢、表情將不能說出口的情感暗示出來：「女兒的性啟蒙讓我焦慮，因為她讓我想起自己遭受的強暴。我得要保護她……兒子的性慾望讓我害怕，讓我不得不把自己抹去得更徹底……」我們也可以聽到這樣的陳述：「孩子邁入青春期讓我的恐懼消失了，不再擔心複製虐待，並使我們的關係變得非常和樂融洽。」當我們有自己的過往經歷時，一個事件必然會受到詮釋。

談論過去，以避免過去重現

書寫或口述過去，讓創傷事件脫離我們自己單獨存在

因此，我們不能以童年遭受的暴力與否作為預測父母行為的唯一方式，受創父母可以變得據侵略性，也可能自我抹除；可能過度保護，也可能漠不關心；可能陰沉，也可能開心，這都取決於他創傷表徵與詮釋的改變。心理韌性（自我修復）的力量也就在此展現。既然我們有能力藉由表達、分享，或影響親友及文化來改變這個表徵，我們可以觀察到自己的感受也跟著轉變。對於表徵與詮釋的改寫，能夠使過去創傷回憶變得可以忍受：「我不再為高中入學考試失敗感到羞恥，我甚至相當驕傲自己成立了一間公司，有許多曾受高等教育的主管聽命於我。」但是也要小心，因為這個追憶的權力也可能使痛苦重現。多虧文學，讓喬治・培瑞克（Georges Perec）得以從親人相繼失蹤的童年所造成的麻木狀態脫離。他的父親在一九三九年投身法國外籍兵團失蹤了。他的母親陪著父親到巴黎的里昂車站，隨後也失蹤了。沒有葬禮、沒有創傷事件、就是一樁失蹤，接著另一樁，然後又一樁。孩子變得麻木，

因為他再也沒有能夠給他生存渴望的情感依附對象。他被嚇呆了，麻木佔據了他，直到某天，他決心成為作家，藉由在書中談論雙親來為他們舉行葬禮。這個孩子甦醒過來，做了許多資料檔案考究，並成為小說家。就這樣持續到某天，一位編輯邀請他撰寫自己的童年回憶。[23]著手進行了幾週後，培瑞克深受創傷事件的重現所苦，導致必須停筆。修復回憶並不是要召喚過往傷痛，相反地，是要轉化它，讓它變成另一個東西，一本小說、一篇論文或是某種形式的承諾。這種改寫過去、讓我們成為自己回憶主人的詮釋工作，和會帶來折磨的過去重現截然不同。要寫下創傷事件，而不使過去重現，就必須將這項回憶工作納入一項計畫、意圖或夢想中。在這樣的情況下：「書寫是面對缺席之物的一種方法，而所有創作計畫的能量來源都是汲取於創傷事件。」[24]當培瑞克為了與失蹤的親人建立關係而提筆書寫，他創造了安撫他的新連結，而《消失》[25]一書在文學上取得的卓越成功肯定也讓他相當喜悅。喬治・森普朗（Jorge Semprun）也走上相同道路，在度過一段不管述說或書寫都可能會讓死亡重現的漫長沉默後，他在幾乎同時出版了一本名為《昏厥》[26]的小說。自我修復作用在於「投入寫作工作（以）面對自身情況，其中包含自己與缺席的第三者間的關係」。[27]自我修復型寫作即是與消失者重新建立連結，而非反芻往日痛苦。

透過談論的方式及組織出的論述，可以讓這個表徵與詮釋有能力促使我們從羞愧轉為快樂、由創傷邁向修復嗎？「我記得，在我七歲或是八歲時，她（我的母親）決定跟我們簡短、適度地談起她所經歷的危險，過不久，我就連夜被惡夢困擾。我看到穿著靴子的德國人走進家裡，把所有東西都砸壞了，然後強行帶走我的父母。我偷偷地哭泣，然後，大約到了十一、二歲，我開始閱讀相關資料。我深受震撼。」[28]不是創傷事件本身在人與人之間相互傳遞，而是心理的創傷或對創傷事件的表徵在傳遞。在這種情形下，如果我們所看到的世界，只是我們將鏡子對準它、在鏡中反射的世界，為什麼我們不移動一下鏡子的位置，來改

23 參見培瑞克（G. Perec），《W或童年回憶》（*W ou le souvenir d'enfance*, Paris, Denoël, 1975）。

24 參見歐博（A. Aubert），〈分散，從痛苦的經驗抽離之道〉（La diversion, voie de dégagement de l'expérience de la douleur），出自馬蒂（F. Marty），《創傷形式與治療》（*Figures et traitements du traumatisme*, Paris, Dunod, 2001, p.224）。

25 參見培瑞克（G. Perec），《消失》（*La Disparition*, Paris, Denoël, 1969）。譯者按：《消失》全書未使用字母 e，使得作者能運用的字彙量大幅減少，卻仍不減其敍事流暢性。

26 參見森普朗（J. Semprun），《昏厥》（*L'Évanouissement*, Paris, Gallimard, 1967）。

27 參見葛林（A. Green），《解除連結。精神分析學、人類學和文學》（*La Déliaison. Psychanalyse, anthropologie et littérature*, Paris, Hachette Littérature, 1973）。

28 參見蘭多—敏茲（S. Landau-Mintz），《艾戴兒》（*Adèle, manuscrit à publier*）。

變反射的影像呢。「猶太大屠殺中的死難者並不僅僅是受害者，他們或許是在另一個祭壇上的神祇。以前，我心中幻想著，我情願自己也曾是集中營囚犯……每當看到手臂上有集中營刺青、上了年紀的男人，我總覺得很酷。我希望自己是他，成為眾所敬仰的對象。」[29]

29 參見前引魯賓斯坦（M. Rubinstein），《並非所有人都能有幸成為孤兒》（*Tout le monde n'a pas la chance d'être orphelin*, p.102-103）。

絕望的配偶

他們身上帶著陰影，滿懷希望

我們實有必要瞭解一種矛盾：盤據腦海的創傷事件到後來會變得令人稱羡？從死亡集中營生還的青少年，一回歸到生活中就急急忙忙地結了婚。倖存者間倉促早婚的結合在當時被稱作「絕望婚姻（marriages of despair）」[30]。諸多與此相關的研究突顯出，邁入婚姻的兩人極度敏感，這是一種折磨人的能力，所有近期發生的事件都會使他們回想起不幸的過去，並延長這個巨大衝擊的影響力。他們的孩子就在創傷未癒的父母身邊成長，結

30 參見丹尼耶利（Y. Danieli），〈納粹大屠殺倖存者家庭：對緊張和焦慮的短期與長期影響〉（Families of survivors of the nazi holocause : some short and long-term effects in stress and anxiety），出自史匹柏格（I. G. Spielberger）、薩拉森（N. Y. Sarason）、密爾葛蘭（C. D. Milgram），《半球雜誌》（*Hemisphere*, vol. 8, New York, McGraw Hill, 1981）。

果是，他們因此極早就負起對父母的責任。他們感受到父母的脆弱。我們可以說是創傷事件的傳遞嗎？還是應該要說這些孩子調整自己去適應他們在依附對象身上看到的陰暗面呢？

針對這個主題所做的研究結果相當矛盾分歧。有些研究主張猶太大屠殺倖存者的孩子在生理上已受到傷害，腦內大量分泌的可體松，顯示一點點平凡警訊就會持續引起壓力。[31] 有些科學家則指出，恰恰相反，這些一路被視作珍寶撫養長大的孩子是父母倚賴的「回憶的祈福蠟燭」（cierge de souvenir，英譯：memorial candles）。[32]

依附理論則可以結合大量不同研究方法提供不同解釋。[33] 這些方法諸如成人依附訪談（Adult Attachment Interview – AAI，由成人自述與父母情感關係的一種方法）、焦慮量表（studies of anxiety levels）、生理壓力值（levels of biological stress）、事件影響量表（the scale of impact of events）、針對悲傷及未解決創傷的提問、社會適應檢核（criteria of socialobservation）以及針對他們照顧孩子的方式直接觀察。

藉由上述大規模研究，得出以下結論：

- 相較於對照組（百分之六十五），經歷過猶太大屠殺的年輕倖存者擁有安全型依附表徵的比例明顯較低（百分之二十三）；

● 他們也明顯承受較多尚未解開的悲傷；

● 然而，這些困難完全沒有傳遞給孩子！

然後呢？

然後，我們看到私密訪談讓各個科學研究間有了某種一致性。所有人都對於這些年輕倖存者的社會成就感到驚訝。然而，和他們談論私人生活時，我們輕易就能發現他們的內在情

31 參見耶胡達（R. Yehuda）、史邁樂（J. Schmeidler）、埃爾金（A. Elkin）、艾森（S. Elson）、西弗（L. Siever）、賓德-布理恩（K. Binder-Brynes）、芬博（M. Fainberg）、艾菲歐（D. Aferiot），〈代際創傷回應的現象學與生物心理學〉（Phenomenology and psychobiology of the intergenerational response to trauma），出自《多代創傷遺傳國際手冊》（*International Handbook of Multigenerational Legacies of Trauma*, New York, Plenum, 1998）

32 參見索羅門（Z. Solomon）、科特勒（M. Kotler）、密庫林格（M. Mikulinger），〈戰爭倖存者第二代創傷後壓力症候群：美國初步調查結果〉（Combat-related posttraumatic stress disorder among second-generation survivors : preliminary findings-American），收錄於《精神醫學雜誌》（*Journal of Psychiatry*, 1998, 145, p.865-868）。

33 參見薩吉-史瓦茲（A. Sagi-Schwartz）、凡艾森朵（M. Van Ijzendoorn）、K. E. 格羅斯曼（K. E. Grossman）、左艾（T. Joels）、K. 格羅斯曼（K.Grossman）、莎特（M. Schart）、科倫-凱利（A. Koren-Karie）、埃卡利（S. Alkalay），〈大屠殺倖存者及其子女〉（Les survivants de l'holocauste et leurs enfants），收錄於《改變期刊》（*Devenir*, 2004, vol. 16, no2, p.77-107）。

感世界一團混亂，而且他們只有在社會成就分明的結構中才感覺自在。他們內心承受著沉重哀傷，所以，他們避免去想到人們可能不喜歡他們現在變成的活死人模樣、避免去想到自己表現出不幸、而且會將不幸傳染給願意愛他們的人。他們逃進唯一不會讓自己痛苦的活動，在這項活動中，生命準則清楚明白，他只要起早貪黑全心投入工作就好。就這樣，在這條通往社會成就的羊腸小徑上，只需要展現幹勁，他們就不再痛苦，甚至覺得平靜。痛苦從未遠離，他們還是很傷心，因為自己在情感上的無力、因為無法說出「媽媽」、因為不敢展現溫柔、也因為從未建立家庭儀式、舉辦小小慶祝會或邀請親友參加溫馨聚會一起用餐、談天。「我媽媽也做過一樣的蛋糕」，不論母親或蛋糕，他們都從未擁有過，這句平凡親切的話又怎麼可能出現在他們腦海裡呢？他們以為多多努力工作、多多給予，就可以補償他們混亂的情感、補償他們在表現模糊複雜的愛上的困難。他們默默付出，因為他們甚至不知道如何送禮；有些人後來獲得極佳的學業成績，然而在戰時他們甚至被禁止上學；很多人在社會上都有極高成就，讓那些在充滿愛的家庭度過平靜童年，卻在學業上受挫而難以畢業的同學感到驚訝。

存心挑釁的人看到這裡會想：「那麼，你是說應該要禁止孩子上學來讓他變成好學生，應該要把他關在死亡集中營讓他可以取得社會成就！」為了避免這一類嘲弄的話，我傾向於說，這些倖存青少年所得到的是病態的成功。他們發了狂地唸書、工作，是因為那是最不會讓他們感覺痛苦的領域，他們可以在那裡修復自我形象、重新有了盼望。這種病態成功表現出一種切割。切割，提供他們一條窄小的道路，讓他們可以在情感深淵旁武裝自己。他們不知道如何去愛，除非伴侶慢慢地教會他幾乎所有受創者（百分之七十七）都已失去的安全型依附。這也是為什麼這些「由絕望結合而成的婚姻」充滿了希望，讓為數眾多的受創者得以修復自我形象、然後慢慢學習織就平靜的關係。這些夫妻所生下的孩子在降臨世上時正值父母自我修復工作全力進行的時候。他們愛著分裂的父母親，這些父母既勇敢又畏縮，在社會上成就耀眼，在情感上卻脆弱不堪。他們投注過度關心在孩子身上，而孩子則覺得受到支配，有時甚至因為父母的成就感覺受到輕視：「他們，儘管在惡劣情況下仍取得非凡成就，而我呢，他們給了我一切……他們一定瞧不起我。可是，我又覺得他們相當脆弱。」

情感矛盾在這樣的家庭中十分常見。絕口不提他們遭遇到的可怖經歷，他們保護了孩子，避免讓創傷事件傳遞且佔據孩子腦海。但是為了減輕痛苦、修復自己，他們將自己一分為二，也使得矛盾型依附深植孩子靈魂。

談論創傷的方式也會傳遞創傷

沉默的喊叫與心聾

如果在不幸事件衝擊過後，周遭社會與情感環境能夠帶領倖存者走上修復、轉變之路，這些沒有葬禮的死者就不會引起倖存者無止盡的哀傷。當環境提供給年幼的亞美尼亞人、猶太人，或是盧安達孤兒重新找到家庭替代關係的可能性時，這些孩子並沒有展現病態的哀傷。當關係建立起來，他們可以重返生活，有時也會給了他們病態的勇氣。自我修復開始進行，讓他們慢慢地獲得平靜。

當孩子的父母正在從受創狀態修復，他就必須和這些在社會上光鮮亮麗、情感上卻陰鬱灰暗的成人相處。切割，是正常防衛機制，以適應所遭遇的侵襲，雖然尚無法帶來自我修復，卻可以保護受創者以及他的孩子。如果被藏匿的孩子未能保守出身之密，他們就可能會消失在世上，而如果在戰後，他們太早揭開自己陰暗的角落，就可能將創傷傳遞給孩子。多虧了這個代價高昂的防衛機制，相較於對照組，倖存者的孩子在長大成人後並未表現出顯著差異。[34] 其中有三分之一呈現非安全型依附，跟一般大眾的比例相同。這代表，較早出生的孩子（他們表現出較多矛盾依附）也都隨著時間與遇到的人而慢慢改善了，而他們的弟弟妹妹，則能夠在已經修復的父母身旁成長。受創父母與他們頭一胎的孩子無從選擇，必須得進行一種自我修復工作，讓他們可以學會「像所有人一樣」去愛，但是要花上一點時間。

最易於傳遞的依附模式是安全型與紊亂型依附。[35]但那是一種傾向，並非命定，因為紊亂並非無法補救，只需要幫助受創父母自我修復，藉此停止傳遞憂傷即可。只有在家庭狀況或文化環境構成情感牢籠時，才會有創傷傳遞。與子女獨處牢籠中的受創父母直接傳遞了痛苦，成人只有在親密無間、與外界隔絕的情感關係中，才會將創傷（他對於自己所經歷事件的看法）傳染出去。

戰爭過後，因為年輕生還者的否認、分割與病態勇氣，他們讓自己周遭的人及孩子免於承受痛苦。他們付出昂貴代價，但是仍然十分值得，因為那些沒有付出這筆高昂代價的人，

34 同上。

35 參見凡艾森朵（M. H. Van Ijzendoorn），〈成人依附表徵與親子依附之關連，父母反應及臨床狀態。成人依附訪談效度分析〉（Associations between adult attachment representations and parent-child attachment, parental responsiveness, and clinical status. A meta-analysis ont the predictive validity of the Adult Attachment Interview），收錄於《心理學通報期刊》（*Psychological Bulletin*, 1995, 117, p.387-403）。

都傳遞了創傷，或帶著背負了活了下來的罪惡感。在我工作的賽恩市，共產黨員在第二次世界大戰期間非常勇敢。有些人跟著登陸普羅旺斯的勒克萊爾軍隊參與了法國解放譯註2，很多人因加入抵抗運動遭槍殺，其他人則從集中營歸來，註定要見證一切。他們談論、紀念、展示相片，並讓這個令人難以置信的殘忍迫害不停重現。他們是這麼地希望將納粹主義之惡昭告天下，所以從未否認，亦不曾轉化所受的痛苦。他們的孩子必須在每日的惡夢重現中成長。父母是完整的，從未被分割，一直都勇氣十足、充分投入「防止歷史重演」的活動，而他們的子女則內化了一個充滿死亡、折磨及恐懼的世界。

相反地，採用否認模式的成人則拒絕覺察在現實中有什麼創傷：「算了吧，一切都結束了……生活該要繼續下去……別再呻吟了，我們也是呀，我們那時也是一無所有。」當他們「心理狀態之中（有）兩組現象，甚至兩個人格，彼此可以互相忽略」時[36]，那些人便被切割為兩半。這些父母由於自身人格的混亂而沒有傳遞創傷，但是這並不代表他們什麼都沒有傳遞給孩子。他們不尋常的性格、高度的智力活動、強烈卻幾乎不表現出來的情感等，都在孩子身上造成矛盾型依附。孩子害怕父母，卻又仰慕他們，有時則因為父母在情感上的笨拙而蔑視他們。

要與納粹主義對抗而拒絕保持緘默的受創父母，有時會因為讓孩子浸淫在令人難以承受的詮釋中而傳遞了創傷。另一方面，切割為二的父母在掩蓋過往歷史的同時，則讓孩子免受惡夢侵擾。他們使孩子學會了矛盾型依附，但是這種情感模式是最具可塑性的一種依附型態，也最容易透過旁人的敘述所傳遞出的詮釋來改變。

「大部分集中營生還者都等到後代邁入青少年才與他們談論那段集中營歲月。」[37]他們之前會與配偶、配偶家人、或是親密友人說到那段往事。但是對孩子來說，那些在他身旁清晰說出的內容還無法進入心理，因為那些句子對他而言不具任何意義。這並不是孩子的拒絕心理，而比較像是心理上的「聾」，在那之中，無法聽見不具意義的資訊。「我遇到了奧許維茲集中營裡監督我們的集中營警衛（kapo）譯註3。他在法國解放時被宣告無罪。這讓我

譯註2 1944年8月15日法國軍隊在外國軍團的協助下，一舉攻克普羅旺斯海岸線，解放了法國。

36 參見拉普朗虛（J. Laplanche）、彭大歷斯（J.-B. Pontalis），《精神分析詞彙》（*Vocabulaire de psychanalyse*, Paris, PUF, 1967, p.68）。

37 參見博東（C. Breton），〈法國集中營抵抗軍後代的社會化〉（Socialisation des descendants de parent résistants déportés de France），出自《巴黎第十大學教育科學1993年博士論文》（*doctorat de sciences de l'éducation*, université Paris-X-Nanterre, 1993, p.370）。

譯註3 kapo指集中營裡一種囚犯階級，由一般罪犯擔任，代替納粹軍官管理其他囚犯，並享有住在單人房等特殊待遇。

有種奇怪的感覺。」上述句子在不到十歲的孩子耳中聽來，近乎無異於：「我遇到了貝諾代的雜貨店老闆。他把店舖關了。這讓我有種奇怪的感覺。」這個句子不值得被納入記憶，也無助於聽到父親剛剛這麼說的孩子建立認同。

相反地，到了青春期、邁入社會化的年齡，「奧許維茲」和「kapo」都已被賦予沉重意義。而且，到了那天，這樣的句子就會引起孩子警覺。不過，這得要親子間在孩子青春期時還維繫著語言交流（並不是在每個家庭中都能如此）、配偶沒有因為感覺不快而使受創者閉嘴、家人朋友對於這些資訊感興趣、長久以來傾向使受創者噤聲以維持安寧的文化賦予了受創者發言權。當這些周遭故事能被自由陳述，「有二分之一的受創者後代說自己曾在幼年聽過這些言論……而另一半則在邁入青少年頭幾年『意識到』……」[38]，但是「百分之二十的後代從來不曾有機會談論這些事」。[39]

38 同上。
39 同上。

從羞愧到驕傲

在內在劇場的演出改變了感受

如果青少年在社會化過程中突然對父母受傷過去的故事感興趣，出生後頭幾年的矛盾型依附於是得以轉變。當受創者後代長大成人，他們常常都能因為初戀而解決矛盾現象，並改變看待父母痛苦的方式。

我們發現，如果父母曾奮力抵抗或加入軍隊的話，有百分之八十七的受創者後代都變得為從集中營生還或死於集中營的父母感到驕傲。父母的搏鬥即使並未被公開談論，仍帶給孩子一種光榮形象。孩子想像：「我的父親加入外籍軍團。他在死於醫院床上之前，受到軍方表揚。」即使這是孩子內在的詮釋，但是他知道自己有一天可以這麼說。

孩子在自己內在舞台上演出的父母故事會引起一些內心感受，而我們可以藉由文化、政治演說、哲學論文及藝術作品等，來更動這些感受。這個詮釋可以隨著孩子著眼點的改變而跟著不同：「我曾經不在乎它、害怕它、因為它而感到不安，不過我現在對於瞭解父母艱難的過往興味盎然。」就像在希臘悲劇中一樣，他們必須要克服諸多艱難考驗。他們在我身上投射了自己謎團般的陰影，也使得我成為一個有著不確定性、愛作夢的人，被迫專注在智力活動上。我成為了精神分析師，好讓自己有能力將他們的痛苦轉化為光輝歷史、轉化為幫助我瞭解隱藏在我們狀況之中的某些東西的記述：「我對於自己所繼承的東西感到驕傲，我很驕傲他們兩個人傳遞了這個困難給我，這個永遠待回答的問題讓我更強壯……為自己的姓氏感到光榮。」[40]

文化敘事、孩子關注焦點，以及受創者脫離創傷的進展，上述三者無可避免地持續改變，解釋了在受創者與他們孫子之間令人驚訝的對話可能。[41] 隨著時間遞移，受創者自我修復工作已有長足進展，他們也積極改變內在與社會詮釋，他們的孫子於是不用受到創傷陰影的矛盾影響。兩人間的關係較為明朗、連結也較輕盈，可以愉快地談論創傷。是的，愉快：曾為受創者的人，他的愉快來自於，他已復原，不再需要說出自己的羞恥與痛苦。他向孫子述說的是戰勝邪惡的故事，孫子則驚嘆於自己有個棒極了的祖母，能夠戰勝壞人並變得如此慈祥。思也基・赫斯（Siegi Hirsh）譯註 4 說：「我的孫子呀，這是我第一次沒有說自己手臂上的數字是一組電話號碼。我向他們解釋，我現在像個祖父一樣跟他們說。」[42]

受創者的第一個孩子出生時，父母傷口仍滲著血。較晚出生的孩子所承受的父母心靈創傷重量較輕，但是他們較常受到父母內在沉默衝突所困擾。所有孩子都感覺到陰影，也感受到令人擔憂到近乎焦慮的謎團，但是，又被勾起在歷史資料中探索的樂趣。這群孩子中有許多人都成為了藝術家，也或許成為小說家或精神分析師，像地下聖堂的發現者或深海探險家那樣深入探尋。這趟內心之旅讓他們感到努力過後美妙的疲累，探索的喜悅減輕了他們的情感矛盾。復原父母的子女的自我修復歷程，使自己成為父母和祖父母出色而富創造性的後代。當創傷引起心理崩潰，而被迫要轉化時，心理韌性便帶來改變，將痛苦變成力量、羞恥變成驕傲。

這遠遠不是單一原因造成單一結果，並隨著世代傳承日益惡化的線性因果關係。心理韌性理論中，主體正是臣服於諸多決定因素總和的影響，人們在其中掙扎搏鬥，並刻意尋找可以讓自己重新成長的支柱。

40 參見甘貝爾（P.Grimbert），《閣樓上的祕密》（*Un secret, Paris*, Grasset, 2004, p.177-178）。

41 參見弗西翁（P.Fossion）、雷哈斯（M. C. Rejas）、索唯（L. Servais）、佩爾（I. Pelc）、希爾許（S. Hirsch），〈大屠殺倖存者孫輩的家族療法〉（Family approach with grandchildren of holocaust survivors），《美國心理治療期刊》（*American Journal of Psychotherapy*, 2003, vol. 57, no 4）。

譯註4 思也基・赫斯（Siegi Hirsh）在許多國家都被視為歐洲家族治療先驅之一。

42 參見黑爾曼（M. Heireman），〈家族帳本〉（Le livre des comptes familiaux），收錄於居內（Patrice Cuynet）主編，《繼承》（*Héritage*, Paris, L'Harmattan, 1999, p.84）。

不幸的傳遞遠非命中注定

事件可以改變表徵

這也是為什麼集中營生還者子女的例子或許有些過於絕對：惡佔據一方，而善最終取得勝利，就像在膾炙人口故事中的啟示一樣。為了自我修復，想保護施虐父親的受虐兒會怎麼做呢？同時感到羞愧又歡愉的亂倫受害者又會怎麼做呢？[43]他們的創傷變得更嚴重，因為難以清楚分類，而且周遭鄰居也往往拒絕相信看來和藹的父親會做出這種事，而使受害者遭受二次傷害。

戰時被藏匿起來的孩子每日都與死亡同行。某個鄰居可能因為他無心脫口而出的一句話舉發他，納粹祕密警察或親衛隊可能毆打他們，毫無理由，僅僅因為一個眼神。痛苦真實存在，但是他們知道不幸從哪兒來，而又是誰在保護他們。惡魔化身為一種社會意識形態，而正義的一方則透過情感解救他們。戰後，出現了家族內部收養，他們普遍過著幸福生活，有些寄養家庭能給予孩子修復的力量，但偶爾也會出現苛待孩子的寄養家庭。許多孩子都沒有辦法回學校上學，因為他們沒有失蹤父母的死亡證明，無法拿到助學金，同時，已經學會緊閉雙唇以存活下去的他們，即使在太平時代依然難改習慣。因為想要隱藏自己的殘酷傷痛，他們顯得怪異、甚至離群索居。

許多戰爭孤兒都沒有遭遇到更艱難的情況。如果，在災難發生前，他們幸運地已織出安全型依附最開端的幾個結，即使他們的父母突然被奪走，他們仍會忠於這個形象，並與失蹤的父母持續發展健康的依附關係。[44] 這個連結是完美無缺的，因為死去的父母在教養上無法再犯下任何錯誤。這些孩子會更加忠於已逝父母的心願。當鄰居或是歷史資料透露出死去父親或母親的願望時：「你的母親在生下你時說過：『他將來會是一名醫生』」，這樣的說法，會讓九泉之下的心願有了毫無商量餘地的力量。依附關係在死後仍維持完美，而這個期望在跨越世代後成為孩子身上凌駕一切的任務。這也解釋了造就備受當代社會讚揚的病態成

43 參見妮基・德・桑法勒（N. de Saint-Phalle），〈羞恥、愉悅、焦慮與害怕……〉（honte, plaisir, angoisse et peur…），出自《我的祕密》（*Mon secret*, Paris, La Différence, 1994, p.8）

44 參見弗雷利（R. C. Fraley）、莎弗（P.R. Shaver），〈失去與喪親：依附理論和近期關於"悲傷作品"的爭論和脫離的本質〉（Loss and bereavement : attachment theory and recent controversies concerning "grief work" and the nature of detachment），收錄於凱希迪（J. Cassidy）、紹唯（P.Shauer）主編，《依附理論指南》（*Handbook of Attachment*, New York, Guilford, 1999）。

功的病態勇氣的發生原由。

不幸的傳遞遠非中注定。受到打擊的人，有時會維持死去狀態，但是努力掙扎的人則感到一種矛盾的心理狀態：「為自己曾親眼所見的不幸痛苦萬分……（他們同時）覺得自己奇蹟似地獲救。」[45] 第一代子女在仍處於自我修復過程中的父母影響下成長，「隱而未言的嘈雜讓人震耳欲聾……面對飄散著鬼魂的虛空。」[46] 他們藉由成為解謎者或是內在世界修復者的過程走過困境。因此，他們下一代發現了與祖父母對話的樂趣，並重建家庭連結。這些祖父母曾因為過去而在現實中受苦。

不可能不傳遞，單純從一個軀體到另一個軀體就足以傳遞，然而在靈魂與靈魂間發展出來的，既可能帶來不幸，同樣也可能帶來幸福。當創傷事件造成陰影，周遭故事（récits d'alentour）可以顯現出癩蛤蟆，也可以是公主。這就是故事的力量，自我修復所帶來的童話般的願望。

---

45 參見卡斯坦尼歐-勒布隆（F. Castaignos-Leblond），《歷史創傷與代際對話》（*Traumatismes historiques et dialogue intergénérationnel*, Paris, L'Harmattan, 2001, p.196）。

46 同上。

第七章

結 語

超人先生「天命」的精神官能症讓我們了解到，自我修復，是要避免認同施暴者或受暴者。愛是第三條道路，也是較具建設性的方式。

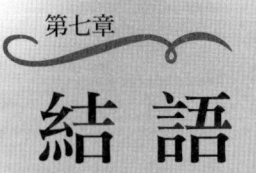

我與「超人先生」甚為熟識。我長期追蹤他的心理治療。他受到一種「天命」的精神官能症所苦，這個症狀讓他相信自己被一種隱形力量主宰，驅使他奔向有難的人身邊。這個重複性的強迫症讓超人先生覺得身不由己地被帶往「一連串週而復始的事件，就像一幕幕相同情節。」[1]

「超人先生」深受其苦。

是一個夢境讓他解開了這個重複行為之謎。他是個孤兒，小時候住在某間不知名機構，那時，他常常在睡醒的時候，很驚訝地發現自己老是做同一個夢。在夢裡，他只需要舉起手臂，同時像騎腳踏車那樣轉動雙腳，就可以輕鬆舉起天空。當他白天過得不開心時，晚上就會做這個令人神往的釋放之夢。但是夢醒令人哀傷，因為這將他帶回令人絕望的現實世界。為了要減輕自己無足輕重的存在感所帶來的的痛苦，他傾向讓自己身陷困境，以此來感覺自己多少活過。過去的影響推動了他一再重複自己習得的處理方式。

「超人先生」一點都不快樂，因為這個在他小時候很有用的防衛機制，隨著年齡增長，已經轉變為一種宿命，迫使他重複那些已經不再需要的情境。「不幸帶領著我」，他悲傷地說道。「我在現實世界裡尋覓讓我感覺活著的情境，但當光輝的一刻結束，回歸日常生活，則又證實了我生命的虛無，我因而一再做出英雄式冒險來對抗虛無。」考驗可以讓人在面對困難時感覺到生命力，形塑自我，[2]「超人先生」語帶苦澀地補充。因為建立了這樣一套生存策略，他帶著難以理解的愉悅，臣服於這個防衛手段下，同時自問這個不尋常的強迫行為從何而來。當時，他並不知道，命運會使得那些相信自己所創造的事物的人，反而成為俘虜。

因此，必須得從這個防衛方式脫離。它曾保護了「超人先生」，但是現在卻將他囚禁於過去。

創傷痛苦引起的麻木多過於折磨，以致於有些受創者傳遞出一種奇怪的漠然印象：「我已經不再痛苦，我甚至已經不存在」[3]，他們嘆道。

1 參見前引拉普朗盧（J. Laplanche）、彭大歷斯（J.-B. Pontalis），《精神分析詞彙》（*Vocabulaire de psychanalyse*, p.279）。

2 參見歐博．高達（A. Aubert Godard），〈健康基礎與初始創傷〉（Fondement de la santé, triade et traumas originaires），出自前引馬蒂（F. Marty），《創傷形式與治療》（*Figures et traitements du traumatisme*, p.26）。

3 參見費倫茨（S. Ferenczi），〈關於創傷的想法〉（Réflexion sur le traumatisme），出自《精神分析》（*Psychanalyse* 4, Paris, Payot, 1934, p.236）

我們可以維持死亡狀態，這是最令人自在，甚至是我們的文化最樂於接受的狀態。「那件事發生在他身上後，您可以想見，他的一生全沒指望了。」過度憐憫判了心理死刑，如果不幸地，您奮力拼博重返生命，甚至可能引起議論：「什麼！他還跳舞，在鬼門關前走一遭後，他竟過得幸福快樂！」長期服喪表現出品德，快樂的寡婦總招來惡評。心靈受創者，只有不斷受苦才顯得高尚。萬一他不幸走出傷痛，他的康復就減輕了行兇者的罪行。心理韌性十分弔詭，您不覺得嗎？

心理韌性：重返生活的第三條路

當我們以所造成的後果衡量罪行輕重時，我們常常也以此評斷走出創傷、重拾人生的人。我總覺得，在一個正值發展中的社會，我們傾向認同施暴者，欽佩那些知道如何施展力量走上社會成功的人；而在已發展穩定的社會中，對受暴者的認同，則讓我們顯得品德高貴、民主，擁有健全人生的人在宣稱對受創者的痛苦感同身受時，會覺得自己十分善良。

「超人先生」就表現出此種生存方式。在他身處的文化中，貧窮、衰弱、困苦的人一夕間證明了自己並非如此虛弱，因為他們在卑微處境中，仍毫不遲疑前去拯救受暴者。他展現了自己如何從不合理的受支配地位，轉變為合理的支配者地位。

自我修復與心理韌性，則是避免認同施暴者或受暴者的第三條道路。自我修復過程即是在尋找如何重返生活，同時避免重複暴行或一再淪為受害者。他們在不幸當下，毫無例外地，全都這麼說：「我想要重新變得跟大家一樣。」而將要走出困境的那些人，則毫無例外全都這麼說：「我真的是運氣好，您知道的。」我們所處社會正是在超人主義（ideology of the superman）的對立面。超人主義總隱約暗示著另有些人天生低人一等。

心理韌性試圖回答下列兩個問題：

- 當我們萬念俱灰時，如何還能懷抱希望？對此，依附理論相關研究可以提供解答。
- 我是怎麼走出困境的？有關個人內在、家庭、社會敘事的研究，說明了我們可以如何改變事物表徵。

受創者難以立刻重返生活，一如跌斷腿時難以手舞足蹈。崩潰之後，需要一段被麻醉的時間，平靜心情、重拾希望。創傷事件後的心理麻痺，解釋了為何遇上恐懼事件的當下內心會否認：「對，我受到攻擊。那時在我四周有好多人死去、喊叫聲四起。我被嚴重燒傷。那又怎樣？我經歷了阿爾及利亞戰爭，我回來了！生命繼續轉動。」這種推論本身沒有任何衝突。只是旁人感到大惑不解。「我內心的一大部分受傷結痂了，那又怎樣……？生命繼續轉動！」

如果在撞傷後太早重新走路，反而會加重骨折，如果訴說得太急切，傷口就無法癒合。但是，總有一天，我們必須停止與死亡共存，若想重新找回一點幸福，我們必須從受傷的過去抽離。於是，我們採取行動、投身某項計劃、談論其他事物、並為了能夠保持適當距離地表達自己，開始以第三人稱書寫故事，如此一來，我們便能夠掌控情緒、重新奪回內心世界的主導權。

如果微弱的生命之火，能為受了打擊而蒙上陰影的內心世界打上一點光，而我們就已跨出自我修復漫漫長路的第一步了。瞭解這一點，便能停止心理層面的死亡狀態，並開始重新邁向生活。

戀愛、結成伴侶的時期，也正巧是我們得以重新回顧過去的敏感期。在這段期間，未來的伴侶各自帶著先前習得的一切投入這段邂逅，以追求實現夢想中的生活：「他愛上的我是怎樣的人？」這個問題連結了伴侶，並讓兩人間不言自明地建立特定協議，由此主導這對伴侶互動、形成兩人關係的風格。

此後每一天，在每一頓早餐、每一聲「晚安」中，那默默發生的奇蹟、平凡無奇的絢麗，織起新的連結，讓新生命誕生於世上。

最終仍得和諧奏鳴，
我不能空成一聲呼喊……
傾聽你內心哭泣的，
往日故事。
往事播下可怕種子，
在一首首詩間成熟，
反抗重新上演。[4]

當詩人最大的好處，就是他能夠把我花了兩百四十六頁（編案：本書法文原著頁數）才說完的話，透過短短幾行詩句表達出來。

4 參見阿哈貢（L. Aragon），《艾爾莎的瘋狂。不幸之言》（*Le Fou d'Elsa. Le malheur dit*, Paris, Gallimard, « Poésie », 1963, p.365-368）。

附錄

延伸閱讀

- 《發展心理學》（2014），大衛・夏佛（David R. Shaffer）、凱瑟琳・凱帕（Katherine Kipp），學富文化。
- 《親密關係：通往靈魂之橋》（2014），克里斯多福・孟（Christopher Moon），遠流文化。
- 《受傷的醫者：心理治療開拓者的生命故事》（2014），林克明，心靈工坊。
- 《婚姻的幸福科學：全球頂尖的婚姻研究，告訴你親密關係的奧祕與處方》（2013），泰拉・帕克柏（Tara Parker-Pope），天下雜誌。
- 《幸福童年的祕密》（2014），愛麗絲・米勒（Alice Miller），心靈工坊。
- 《解鎖：創傷療癒地圖》（2013），彼得・列文（Peter A. Levine），張老師文化。
- 《其實我們都受傷了：在關係中療癒傷痛，學習成長》（2013），蘇絢慧，寶瓶文化。

- 《你最需要的心靈自我修復書》（2012），安顏，知青頻道。
- 《心靈治癒生命的八個階段》（2011），馬修·林恩（Matthew Linn）等，上智。
- 《性與親密：從精神分析看伴侶治療》（2011），大衛·夏夫（David Scharff）、吉兒·夏夫（Jill Savege Scharff），心靈工坊。
- 《照顧孩子的有效策略：以依附關係為焦點之親職教育》（2011），丹尼爾·修斯（Daniel A. Hughes），心理。
- 《夜：納粹集中營回憶錄》（2011），埃利·維瑟爾（Elie Wiesel），左岸文化。
- 《愛情作為激情：論親密性的符碼化》（2011），魯曼（Niklas Luhmann），五南。
- 《佛洛依德與納粹》（2010），大衛·科恩（David Cohen），台灣商務。
- 《走出外遇風暴：如何重建信任與親密》（2010），珍妮絲·亞伯拉罕·史普林（Janis Abrahms Spring）、麥可·史普林（Michael Spring），心靈工坊。
- 《抱緊我：扭轉夫妻關係的七種對話》（2009），蘇珊·強森（Dr. Sue Johnson），張老師文化。
- 《給媽媽的貼心書：孩子、家庭和外面的世界》（2009），唐諾·溫尼考特（Donald W. Winnicott），心靈工坊。

- 《活出意義來》（2008），弗蘭克（Viktor Frankl），光啟文化。
- 《創傷治療：精神分析取向》（2007），卡洛琳．格蘭（Caroline Garland），五南。
- 《依附關係的修復：喚醒嚴重創傷兒童的愛》（2007），修思（D.A. Hughes），心理。
- 《親密關係的轉變：現代社會的性、愛、慾》（2003），安東尼．吉登思（Anthony Giddens），巨流圖書公司。
- 《意義的呼喚：意義治療大師維克多．法蘭可的生命傳記》（2002），維克多．法蘭克（Viktor Frankl），心靈工坊。

聽天使唱歌

作者—許佑生
定價—250元

在《晚安，憂鬱》出版之後，許佑生得到許多讀者朋友及憂鬱症患者的回響。然而一年來，作者依然在自殺的吸引力中浮沉。很幸運地，他一次又一次地化解了自殺的危機，並將這一段日子以來親身的種種經歷，寫成本書。這本書反映的是憂鬱症復原過程中的局部真相，許佑生忠實地記錄了自己如何逐步修復人生觀、價值觀，朝著一個比較能夠自保平安的境界努力。

揚起彩虹旗

【我的同志運動經驗，1990-2001】

主編—莊慧秋
作者—張娟芬、許佑生、二哥、陳俊志等　定價—320元

這是華人社會第一次如此直接面對同志的聲音，也是同志族群有史以來的集結和相認。這風起雲湧的十年，也是酸甜苦辣、百感交集的十年。本書邀請了三十位長期關心、參與同志運動的人士，一起回看曾經走過的足跡。這是非常珍貴的回憶，也是給下一個十年的同志運動，一份不可不看的備忘錄。

終於學會愛自己

【一位婚姻專家的離婚手記】

作者—王瑞琪
定價—250元

知名的婚姻諮商專家王瑞琪，藉由忠實記錄自己的失婚經驗，讓有同樣經歷的讀者，能藉由她的故事，得到經驗的分享與共鳴。

太太的歷史

作者—瑪莉蓮・亞隆
譯者—何穎怡　定價—480元

這本西方女性與婚姻的概論史淋漓盡致地呈現了平凡女性的聲音，作者瑪莉蓮・亞隆博覽古今，記錄婚姻的演化史，讓我們了解其歷經的集體變遷，以及妻子角色的轉變過程，是本旁徵博引但可口易讀的好書。

以畫療傷

【一位藝術家的憂鬱之旅】

作者—盛正德
定價—300元

……此刻我把繪畫當成一條救贖之道、一段自我的療程，藉著塗抹的過程，畫出真實或想像的心裡傷痕，所有壓抑也靠著畫筆渲洩出來。我藉由繪畫來延續隨時會斷裂的生命與靈魂、來找到活下去的理由。……

跟自己調情

【身體意象與性愛成長】

作者—許佑生
定價—280元

身體是如何被眾多的禁忌所綑綁？要如何打破迷思，讓屬於身體的一切都更健康自然？本書帶領讀者以新的角度欣賞自己的身體，讓人人都可以擺脫傳統限制，讓身體更輕鬆而自在！

學飛的男人

作者：山姆・金恩
譯者：魯宓　定價：280元

山姆・金恩是美國知名作家、男性運動領導人物，雖然事業有成，生命卻仍有困惑。在六十二歲生日前夕，童年的召喚叫醒了深藏的衝動——他去報名舊金山馬戲團藝術學校的空中飛人課程，成了最老的學生……

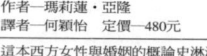

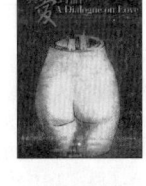

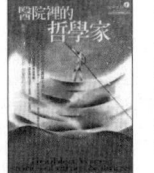

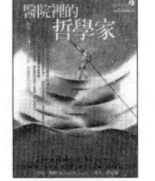

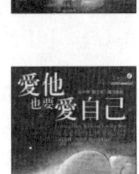

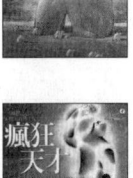

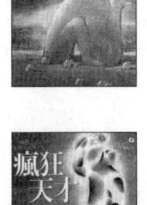

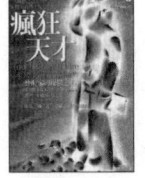

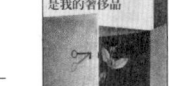

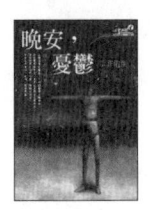

Caring 083

重新學會愛：在傷痛中自我修復，創造幸福

Parler d'amour au bord du gouffre

作者—鮑赫斯・西呂尼克（Boris Cyrulnik） 譯者—吳謦竹

出版者—心靈工坊文化事業股份有限公司
發行人—王浩威 總編輯—王桂花
執行編輯—趙士尊 內頁排版—李宜芝 封面設計—楊雅棠
通訊地址—10684台北市大安區信義路四段53巷8號2樓
郵政劃撥—19546215 戶名—心靈工坊文化事業股份有限公司
電話—02）2702-9186 傳真—02）2702-9286
Email—service@psygarden.com.tw 網址—www.psygarden.com.tw

製版・印刷—彩峰造藝股份有限公司
總經銷—大和書報圖書股份有限公司
電話—02）8990-2588 傳真—02）2990-1658
通訊地址—248新北市新莊區五工五路二號
初版一刷—2015年1月 ISBN—978-986-357-022-6 定價—380元

國家圖書館出版品預行編目資料

重新學會愛：在傷痛中自我修復，創造幸福 / 鮑赫斯.西呂尼克(Boris Cyrulnik)著；
吳謦竹 譯. -- 初版. -- 臺北市：心靈工坊文化, 2015.01 面； 公分
譯自：Parler d'amour au bord du gouffre

ISBN 978-986-357-022-6(平裝)

1.心理創傷 2.心理復健 3.愛

178 103024661

心靈工坊 PsyGarden 書香家族 讀友卡

感謝您購買心靈工坊的叢書，為了加強對您的服務，請您詳填本卡，
直接投入郵筒（免貼郵票）或傳眞，我們會珍視您的意見，
並提供您最新的活動訊息，共同以書會友，追求身心靈的創意與成長。

書系編號－CA083　　書名－重新學會愛：在傷痛中自我修復，創造幸福

姓名　　是否已加入書香家族？□是　□現在加入

電話（公司）　（住家）　手機

E-mail　生日　年　月　日

地址 □□□

服務機構／就讀學校　職稱

您的性別—□1.女　□2.男　□3.其他

婚姻狀況—□1.未婚　□2.已婚　□3.離婚　□4.不婚　□5.同志　□6.喪偶　□7.分居

請問您如何得知這本書？

□1.書店　□2.報章雜誌　□3.廣播電視　□4.親友推介　□5.心靈工坊書訊
□6.廣告DM　□7.心靈工坊網站　□8.其他網路媒體　□9.其他

您購買本書的方式？

□1.書店　□2.劃撥郵購　□3.團體訂購　□4.網路訂購　□5.其他

您對本書的意見？

封面設計	□ 1.須再改進	□ 2.尚可	□ 3.滿意	□ 4.非常滿意
版面編排	□ 1.須再改進	□ 2.尚可	□ 3.滿意	□ 4.非常滿意
內容	□ 1.須再改進	□ 2.尚可	□ 3.滿意	□ 4.非常滿意
文筆／翻譯	□ 1.須再改進	□ 2.尚可	□ 3.滿意	□ 4.非常滿意
價格	□ 1.須再改進	□ 2.尚可	□ 3.滿意	□ 4.非常滿意

您對我們有何建議？

□ 本人＿＿＿＿＿＿（請簽名）同意提供真實姓名/E-mail/地址/電話/年齡/等資料，以作為心靈工坊聯絡/寄貨/加入會員/行銷/會員折扣/等用途，詳細內容請參閱：http://shop.psygarden.com.tw/member_register.asp。

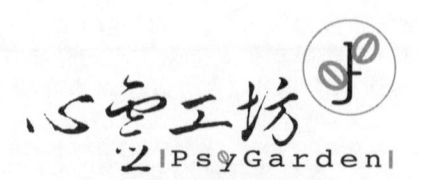